나도
내가
왜

이러는지
모르겠어

휘둘리고 요동치는 마음에게
'나'라는 경계를 짓다

나도
내가
왜

이러는지
모르겠어

김총기 지음

다반
일상의 책

마음의 경계? 그게 뭔가요?

고백하자면 나는 사실 의대생 시절, 정신과에 C를 맞았었
다. 1학년 이론 수업에서 정신과 과목에 C를 맞았었고, 3학년
때 돌았던 정신건강의학과 실습에서도 또 C를 맞았다. 정말이
지 겸연쩍은 역사가 아닐 수 없다. 정신건강의학과 의사가 된
입장에서 돌이켜 보건대 말이다.

하지만 학생 시절 정신과 수업 시간은 실로 영혼의 출타
시간이었다. 도통 이해하지 못할 말들이 강의실 안에 졸음스러
운 불경처럼 울려 퍼지는 타의적 명상의 시간이었다.

의대 수업이 다 어렵긴 했지만, 정신과 수업이 정말 특히
어려웠던 것 같다. 이과생에게 인문학과 자연과학 사이에 애

매하게 걸쳐진 정신과의 이야기들은 받아들이기도, 이해하기도 쉽지 않았다. 도무지 영 뜬구름 잡는 이야기들만 같았다. 시종일관 형이상학적 개념과 용어들만이 난무했다. 나름대로 교수님의 이야기에 열심히 집중을 해보려 해도 마찬가지였다. 무슨 단어들을 사용하는지조차도 이해하기 어려웠다. 분명히 한글이고, 처음 들어 보는 단어들도 아닌데 말이다. 뭐랄까, 내가 알고 있다고 생각했던 단어들이 갑자기 생소하고 난해하게 다가오는 그런 경험이라고 해야 할까. 아니면 내가 알고 있던 단어들 사이의 전혀 생각해 보지 못한 조합을 맞닥뜨리는 경험이라고 해야 할까.

'자아의 경계선'에 대한 개념 역시 그중 기억에 남는 하나였던 것 같다. 정신증과 신경증에 대한(사실 그때에 그 둘조차도 잘 몰랐지만…) 이야기를 하던 중 적잖이 당황스러웠던 교수님의 설명이 기억난다.

"정신증적 상태의 환자들은 자아의 경계가 불안정해지고, 때로는 신체의 경계에 대한 감각도 불안정해집니다. 따라서 상대에게 흡수되거나 합쳐질 것 같은 불안함, 나 자신이 없어질 것 같은 공포감을 경험하기도 합니다… 마찬가지로 경계선적 상태에 있는 환자들의 경우에도 간헐적인 정신증적 상태에서 자아 경계의 약화로 인해 때로는 이상화되고 성애화된 전이의 대상자와 합쳐지고 싶은, 융합의 환상을 갖게 되기도 하고 이로 인해 불안감과 공포감이 심해지기도 합니다…"

우선 무슨 말인지 잘 모르겠지만, 단어와 단어 사이를 그래도 하나하나 자세히 뜯어보면 좀 더 자세히 잘 모르겠는 말씀이시다. 자아의 경계가 불안정해져서 느끼는 공포감이라니. 당최 이해하기 어려운 공포감이다. 자아의 경계가 불안정해지는 건 도대체 어떤 느낌인 거지? 자아에 경계가 있었나? 어디와 어디 사이의 경계지? 그게 불안정해졌다 안정됐다 하는 건가? 그럼 깨지기도 하는 건가? 그럼 불안감이 들고 공포스러워진다고? 상대에게 흡수될 것 같은 불안함? 무협지에 나오는 흡성대법 뭐 그런 건가? 아니, 가만. 자아는 근데 뭐였더라? 하여튼, 정신과 수업은 정말 특히 어려웠던 것 같다.

그러나 어찌어찌 시간이 지나다 보니 나는 정신과를 전공하게 되었다. 지금 생각해 보아도 놀라운 일이다. 제일 못하던 과목을 평생 공부하기로 결정했으니 말이다. 어쨌든 그렇게 나름 정신과를 전공한답시고 앉아 있게 되다 보니, 의대생 시절 어렵게만 느껴졌던 이야기들을 자의반 타의반이지만 좀 더 자세히, 좀 더 깊숙이 들여다볼 수 있었다.

물론 좀 더 자세히 들여다보아도 여전히 어려운 건 마찬가지였다. 여전히 말과 말은 머릿속에서 맴돌기만 하였고, 이론과 이론은 서로 부딪히는 것처럼만 보였다. 그러나 정신과를 찾게 되는 많은 환자분들을 직접 만날 수 있게 되면서 그 뜬구름 잡는 이야기들이 아주 조금씩 허공에서 실제로 내려오기 시작했던 것 같다. 실제로 마음이 아픈 분들, 불안과 우울에 괴로워하는 분들, 분노와 충동 사이를 오가는 분들을 직접 만나 보고, 또 누구보다 자세히 그들의 이야기를 들어 볼 수 있었다. 간혹은 그 고통의 늪에서 희망과 힘을 되찾아 가는 분들의 모습도 지켜볼 수 있었다. 어쩌면, 그분들과 함께하며 지내온 시간들이 나에게는 그 선문답 같던 이야기들을 다시 뒤적여 볼 수 있는 귀중한 열쇠가 되었던 것 같다.

여전히 사람의 마음을 연구한다는 정신의학의 수많은 말, 말, 말들은 어렵다. 아직도 나는 뿌옇게 안개가 낀 길을 걷고 있는 것만 같다. 그러나 한 가지 분명하게 알게 된 것은 있다. 우리의 '마음'이라는 것이 막연하게 생각해 오던 것보다 훨씬 복잡하고 변화무쌍하다는 사실이다. 그리고 그 마음의 범위가 우리가 당연스럽게 떠올리는 이미지보다 훨씬 더 넓거나 훨씬 좁을 수 있다는 것이다.

실제로, 우리가 보통 '나', '나의 마음'이라고 생각할 때 떠올리는 것보다 마음의 실체는 훨씬 더 유동적이다. 어찌 보면 마음은 시공간을 초월하여 존재하는 것 같다는 생각이 들기도 한다. 마음은 얼마든지 커지고 뻗어 나갈 수 있다. 관계를 타고 저 멀리 엉뚱한 곳에 나의 마음이 존재하는 것을 보게 될 수도 있고, 이 세상 현실이 아닌 어디 환상 속의 공간에서 나의 마음을 발견하게 될 수도 있다. 하여간 마음이란 것은 어떤 단단하고 분명한 경계 안에 얌전히 들어 있는 것이 아니다. 끊임없이 요동친다. 그리고 무엇보다, 우리가 관계와 내면에서 겪는 많은 아픔들 대부분은 그 요동을 통해 이해할 수도 있다. 어쩌면 그 요동을 우리 스스로가 눈치채지 못하고 있기 때문에 우리가 이렇게 힘들어하고 있는 것일지도 모르고 말이다.

그래서 나는 이 책을 통해, 그 마음의 실제적인 움직임을 쫓아가 보고자 하였다. 그 움직임 속에 우리가 겪는 마음의 고통들, 분노와 슬픔, 불안과 우울, 좌절과 절망 등에 대해 더듬어 보고자 하였다. 그러기 위해, 내가 이야기의 주제로 선택한 것이 바로 정신과 수업 때 나를 어리둥절하게 만들었던 그것, '마음의 경계'이다.

우리의 마음이 쉴 새 없이 요동치고 움직인다는 것은 곧, 우리의 마음, '나'라는 것을 경계 짓는 경계선도 마찬가지로 쉴 새 없이 요동치고 움직인다는 이야기와 같다. 그래서 그 경계가 어떻게 열리고 닫히는지, 언제 어떻게 무너지고 만들어지는지를 따라가며 우리 마음의 움직임을 짚어 보고자 하였다.

이 책은 기존의 많은 정신의학자들의 이론을 차용하였다. 자기심리학과 자아심리학, 발달이론, 인지모델, 마음챙김 등을 통해 우리가 때때로 일상에서 휘청이고 때때로 좌절하는 이유에 대해 들여다보고자 했다. 그러나 이 책은 어떤 진지한 정신의학적 탐구와 토의를 위한 것이 아니다. 엄밀한 학문적 성과에 대한 발표도 아니며, 정신의학계에 새로운 지평을 넓히기 위함도 아니다. 다만, 우리의 일상, 우리의 관계에 대해 좀 더 깊이, 그러나 좀 더 편하게 되돌아보고자 하는 제안이다. 우리가 마음을 바라보는 시각에 대한 나름의 방안을 제안하고자 하는 것이다.

따라서 이 책에서는 정신의학에서 복잡하게 구분하는 마음Mind, 자기Self, 자아Ego 등의 용어를 각각의 이론에 맞게 정확하게 분류하지 않고 '나'라는 개념을 설명하기 위한 수사적 표현들로 혼용하였다. 때로는 여러 이론에서 이야기하는 핵심들을 조금씩 섞어서 설명하기도 했다. 예를 들어, 이 책에서 함께 이야기한 자기심리학과 자아심리학, 혹은 자기심리학과 인지모델을 한가지의 관점으로 엮어 내는 것이 다소 무리일 수도 있으나 이 책에서는 그 설명의 학문적 엄밀성에 얽매이지는 않았다. 무엇보다 이야기의 주제로 삼은 자아의 경계Ego Boundary는, 그 개념이 갖는 학술적 통상 의미보다 더 폭넓게 확장하여 고찰하였다.

중요한 것은 우리의 마음이 외로워하고 불안해할 때, 우울해하고 분노할 때에 우리의 마음은 우리가 평소 생각하는 것들보다 훨씬 더 흔들릴 수 있고, 그 흔들림 속에서 우리가 엉뚱하게 우리 스스로를 더욱 힘들게 할 수 있다는 것이다. 이 책에서는 그런 것들을 다양한 이론들과 내가 그동안 보았던 환자분들의 이야기들, 또는 영화 속 주인공들의 이야기들을 통해 짚어 보고자 한다.

이 책을 읽는 분들이 그 시선을 통해 스스로의 마음을 바라볼 수 있는 지평을 조금이나마 넓힐 수 있었으면 하는 바람을 가져 본다. 그래서 그동안 힘들어하여 왔던 스스로를 좀 더 따뜻하게 이해해 볼 기회를 이 책에서 얻을 수 있다면 더 이상 바랄 나위가 없겠다.

마지막으로, 이 책에서 언급된 몇몇 사례들은 실제 내가 진료하였던 환자분들의 이야기를 간략히 실었으나 익명성을 기하고자 많은 부분을 각색하였고 신상정보들 또한 바꾸어 표현하였다. 그분들뿐만 아니라 늘 나에게 성찰의 거울이자 성장의 동력이 되어 주시는 많은 환자분들에게 이 책을 통해서라도 감사를 표하고 싶다. 나에게서 삶의 위안을 얻고자 찾아 주시지만, 오히려 내가 그분들을 통해 얻는 것이 훨씬 더 많음을 말씀드리고 싶다.

또, 내 생각을 이렇게 세상에 표현할 수 있는 기회를 가장 처음 열어 주셨던 정신의학신문의 정정엽 대표님과, 책을 내보도록 제안하고 도와주신 다반의 노승현 대표님께도 감사의 말씀을 드리고 싶다. 끝으로, 거의 이 책을 함께 썼다고 해도 과언이 아닐 정도로 지대한 도움과 지지가 되어 준 나의 아내에게 무한한 감사를 표한다.

차례

Ⅳ. 네가 그냥 내 마음이 되어 줬으면 좋겠어

Ⅴ. 어떻게 내 마음을 단단히 움켜쥘 수 있을까?

I. 나도
내가
누구인지
모르겠어요

지금 그거 내 마음 맞나요

땅따먹기를 할 때 가장 먼저 해야 할 일은 바닥에 금을 긋는 것이다. 이곳과 저곳, 내 땅과 내 땅 아닌 곳을 구분할 금을 그어야 한다. 경계선을 그어 내는 것이다. 2인용 책상을 짝꿍과 나눠 쓸 때에도, 스포츠 경기에서 양 팀을 나눌 때에도, 국가 간의 영토를 나눌 때에도 모두 그 경계에는 이곳과 저곳을 나누는 기준이 존재한다. 경계선이라는 물리적, 상징적 기준이 존재한다.

마찬가지로 나, 자아를 이야기할 때에도 그러한 기준이 존재할 것은 자명하다. [나-내가 아닌 것], 그리고 [나의 마음-나의 마음이 아닌 것]이 구분되고 있음은 분명하니까 말이다. 하지만 그 기준이 과연 어디에 있는지에 대해 우리는 잘 생각해 보지 않고 있다. 내 마음, 네 마음을 이야기하고 나, 너를 이야기하지만 무엇을 기준으로 그렇게 나누는지, 그 기준인 경계선은 어떻게 그어져 있는지에 대해 생각해 보는 경우가 많지 않다.

하지만 지금 막상 생각해 본다 하여도 그 자아의 경계선이라는 것이 분명하게 딱 떠오르지는 않는다. '자아', '나'라는 것의 개념은 잘은 몰라도 대충 떠오르지만 거기에 있을 경계에 대해서는 정확히 어떤 형태일지, 어떤 모습일지가 잘 떠오르지는 않는다.

그런데 문제는 프롤로그에서 정신과 수업의 한 토막을 소개하며 이야기하였듯, 그 경계가 쉽게 흐릿해지기도 하고 무너지기도 한다는 것이다. 심지어 경계가 완전히 무너져 버린 조현병 환자들 같은 경우에는 다른 대상과 자기 자신이 합쳐져 버릴 것 같은 공포를 느끼기도 한다고 한다. 눈앞의 나무나 바위, 혹은 다른 사람 같은 대상들이 자기 자신과 합쳐질 것 같은 불안감, 그래서 자기 자신이 흩어져 버릴 것 같은 공포감을 느낀다는 것이다. 아니 그게 대체 무슨 느낌이란 말인가! 자아의 경계라는 게 있었는지조차도 생각해 본 적이 없었는데 말이다.

만약 "무지개는 무슨 색인가요?"라고 물어본다면 아마 "빨주노초파남보 7가지 색깔이죠!"라는 대답이 돌아올 가능성이 높을 것이다. 그때 마침 무지개가 하늘에 멋지게 걸려 있다면, 무지개를 가리키며 다시 한 번 물어보자. "저 무지개가 무슨 색인가요?" 그럼 아까 자신 있게 7가지 색이라고 대답했던 그 사람은 아마 하늘을 향해 눈을 있는 대로 찌푸리며 대충 이런 대답을 하지 않을까.

"빨주노초파남보라니까요. 7가지. 저기 보면, 빨강… 어, 주황… 노랑 파랑, 아니 노랑 초록 파랑… 남색? 어? 보라색이 어딨지…. 아 보라색. 됐다. 그쵸? 빨주노초파남보 7가지! 야 그나저나 무지개 참 이쁘게 잘 걸렸네요."

그러니까 내가 처음 '자아의 경계'란 것의 이야기를 들었을 때, 그것을 나름대로 최대한 유추하기 위해 떠올렸던 형태는 대충 이런 식이었다. 아니 자아가 뭔지도 잘 모르겠는데 그것의 경계라니 애매하지 않겠는가. 그러니까 그 흐리멍텅한 경계를 떠올린 것은 이런 식이 될 수밖에 없었던 것이다. 분명히 여러 가지 색깔이 나뉘어져 있긴 한데, 경계가 없는 거 같기도 하고, 합쳐져 있는 색깔인 거 같기도 하고, 그렇다고 합쳐진 건 아닌데, 또 자세히 보면 나뉘어져 있고, 그렇다고 딱 그어진 선은 없고, 뭐 그런 경계 말이다. 때때로 허물어지는 마음의 경계란 그런 것이 아닐까, 자아라는 실체를 알기 어려운 추상적인 무언가의 경계란 그런 것이 아닐까 싶기도 했었다.

자아의 경계가 무지개처럼 그렇게 애매한 그라데이션 Gradation을 이루고 있는 상황이란 무엇일까. 나의 자아와 너의 자아가, 나의 자아와 너의 자아 사이의 빈 공간이 그라데이션 처럼 뭉게뭉게 열려 있는 상황인 걸까. 그러니까 나의 자아가 바깥과 하나이면서 하나가 아닌, 나와 내가 하나이면서 하나가 아닌 그런 상황인 거다. 도대체 무슨 소리인 걸까 이게. 아니 말이 안 되는 소리 아닌가, 애초에.

뜬구름 잡는 이야기처럼 들릴 수 있다. 진짜 그런 게 있나? 싶은 생각이 들 수도 있다. 그러나 앞으로 천천히 살펴보겠지 만 이것은 분명 얼마간 우리 모두의 이야기이다. 우리는 분명 '나' 혹은 '내 마음'이라는 것을 구분하는 기준이 때때로 변하고, 때때로 아예 허물어지는 경험을 하며 살아가고 있다. 그래서 우리는 가끔 혼동하게 된다. 때로는 엉뚱한 마음을 붙잡고 내 마음인 양 안달복달하기도 하고, 정작 내 마음을 두고 다른 사 람 일인 양 분노하기도 한다. 그러면서 우리는 진짜 '나'가 무엇 인지를 혼동하게 된다. '나'가 과연 무엇이었는지, '나'를 어디에 서 찾아야 하는지를 혼동하게 된다. 이것은 분명 우리 모두의 마음이자 우리 모두의 정체성에 대한 이야기이다. 우리 모두가 조금씩은 아파하고 조금씩은 지쳐 가고 있던 원인에 대한 이야 기이다.

지금 힘들어하고 있는 그 마음. 그게 정말 '나'의 마음이 맞 을까. 앞으로의 이야기는 그 혼동에 대한 이야기이다.

저건 내 이야기예요

1

"아니 선생님이 정말 책임질 거예요? 지금 선생님이 무슨 일을 하고 계신 건지 알고나 계세요? 제가 지금 여기 있을 때가 아니란 말이에요!"

늘상 있던 흔한 일이었지만, 그날도 응급실에 실려 온 정신증 환자가 고래고래 소리를 치고 있었다. 한밤중에 경찰서에 돌을 집어 던져 창문을 깨고, 사람들에게 욕설과 공격을 하는 등의 이상 행동을 보여 경찰에게 붙들려 왔던 그 남성은 자신을 입원시키려 하자 아연실색을 하며 소리쳤다.

"지금 내일이면 세상이 멸망한단 말이에요! 제가 가서 막아야 해요! 저만 막을 수 있단 말이에요. 제가 여기 있어서 그걸 못 막으면 그건 다 선생님 때문이에요! 선생님이 세상을 멸망시키는 거라고요! 제가 세상을 막아야 해요! TV 뉴스에서도 다 나왔잖아요, 못 보셨어요?"

악을 쓰며 소리를 지르는 젊은 20대 남성은 정말 거짓이 한 톨도 섞이지 않은, 진심 어린 억울함의 두 눈으로 나에게 호소했다. 이제 곧 세상이 멸망할 거라고, 자신이 모두를 구원할 구세주라고 말이다. 물론 세상은 멸망하지 않을 터였고, 당시 응급실 당직으로 지쳐 있던 내게 그는 그저 망상에 휩싸인 환자 중의 하나로만 보였었다. 고백하자면 조금은 귀찮기도 했달까. 그렇지만 지금에 와서 그날을 되짚어 보면 그 남성의 억울함과 두려움이 그래도 절반은 느껴지는 것 같다. 스스로도 믿기 힘들지만 받아들일 수밖에 없었던 구세주로서의 숙명에서 엄습하는 두려움. 그것이 응급실에서 가로막혀질 수밖에 없는 현실의 억울함. 적어도 그 강렬한 감정들만은 거짓 없는 날것 그대로였을 것이다.

그 남성은 보호병동에 입원하고 나와 면담을 진행하면서 자신이 구세주라는 무거운 운명을 어떻게 받아들이게 되었는지 천천히 설명해 주었다. 자기도 처음에는 믿지 않으려 했다고 한다. 텔레비전 뉴스에서 김정은이 연설을 통해 자신을 지목하는 것을 보기 전까지는 말이다. 그는 TV에서 김정은이 전세계를 불바다로 만들 가공할 위력의 핵무기를 가지고 있고, 언제든 그것을 터뜨릴 수 있으니 자신에게 그것을 저지해 보라고 말했다고 했다. 김정은이 분명히 자신을 똑바로 바라보면서 자기가 아니면 모르는 말들을, 이를테면 자기가 어제 읽은 책에 나온 구절이나, 지난주에 자신이 길에서 보았던 간판의 단어들, 자신의 이름 글자를 변형한 단어 등을 몰래몰래 연설문 중간에 섞어 가면서 자신에게 신호를 줬다는 것이다. 그뿐이 아니었다. 그 이후에도 북에서 그에게 전해 오는 협박은 끊이질 않았다. 라디오를 들어도, 텔레비전을 들어도, 심지어는 횡단보도나 지하철에서 모르는 옆 사람들의 대화에서도 그런 은밀한 신호를 계속해서 눈치챌 수 있었다고 한다. 예를 들자면 평소에 듣던 라디오 프로그램에서 전에 없이 갑자기 북한 관련 특집 편성을 내보냈는데, 그게 정확히 9시 26분에 시작을 했고 그것은 생일이 9월 26일인 자신에게 내리는 신호일 수밖에 없다고 이야기하는 그의 눈빛이 정말 사뭇 진지하고 단호했다. 북한이 핵무기를 통해 전 세계를 멸망시키기 전에 자신이 북으로 올라가 그를 저지해야 한다고 호소하는 그는 적어도 스스로에게만은 비장한 애국열사와 다름없었다.

나도 김정은의 연설을 본 적이 있다. 나뿐 아니라 많은 사람들이 그 장면을 한 번쯤은 보았을 것이다. 짧은 옆머리에 뚱뚱한 체구, 검은색 인민복을 입은 북한의 젊은 지도자가 연단에 서서 북한 사투리로 강한 말들을 내뱉는 모습을 말이다. 하지만 만약 그 장면을 보았던 사람들이 천만 명이라면, 그 천만 명 각각이 다 조금씩은 서로 다른 생각과 시각을 가지고 보았을 것이다. 똑같은 것을 보더라도 누구나 각자의 입장에서, 각자의 시선으로 그것을 받아들인다. 마찬가지로 나도 텔레비전에서 김정은의 연설을 들을 때면 내 나름대로의 시선으로 그것을 받아들인다. 나는 텔레비전을 보면서 나의 정치적 색깔과 나의 가치관, 그날 나의 기분, 그때의 집중력 등으로 걸러져 들어오는 연설을 내 주관대로 해석한다.

그러나 나는 그 이야기들이 내 이야기라고 생각해 본 적은 없었던 것 같다. 김정은이 나 들으라고 연설을 하고 있다고 생각한 적은 없다. 당연히 연단 앞에 서 있었을 북한 주민들에게, 그리고 북한 방송을 보게 될 사람들에게 연설한 것임을 잘 알고 있었다. 그러나 응급실을 통해 입원했던 그 남성은 분명 그것들이 자기 이야기라고 확신하고 있었다. 수많은 사람들이 그 연설을 보았겠지만 적어도 그에게만은 그것이 틀림없는 자기

이야기였다.

'저게 내 이야기인가'라는 느낌은 그냥 직관적으로 다가오는 것이다.

곰곰이 생각해 보고 따져 보고 분석해서 내리는 결론이기 이전에 그냥 '내 이야기인데' 혹은 '이건 나야'라는 느낌이 직관적으로 다가온다. 마찬가지로 '나랑은 상관없는 이야기인데', '내 이야기는 아닌데' 하는 느낌도 그저 자연스럽게 느껴진다. 내가 김정은의 연설을 보면서 저게 나한테 하는 말이 아니라는 걸 분석해서 알았을 리가 없다. 우리는 매사에 모든 일이 나에 대한 것인지 아닌지를 따져 보지 않는다. 그냥 자연스럽게 인식한다. 길을 걷다 돌부리에 채인 발끝의 통증은 '내 발'이 아프다는 느낌이다. 슬픈 영화를 볼 때 눈물은 분명 내 눈에서 흘러내리지만 '영화 속 저 사람은 참 슬프겠다'라며 느낀다. 카페에서 건너편의 여성이 보내는 윙크에서 저건 혹시 '나한테 보내는 사인인가'라는 느낌을 받는다. 수업시간에 뒷좌석의 아이들이 수군거리는 소리에서 '내 이야기 하는 건가'라는 느낌을 받기도 한다.

이러한 느낌은 어떤 사건이 발생했을 때에 그것을 '나'라고 생각하는 범위에 속한 내부의 일이라고 받아들이는가를 기준으로 발생한다. 즉, 직관적으로 자아 범위 내부로 들어오는 사건인지를 감지한다는 것이다. 자아에 속하는 것과 속하지 않는 것, 자아의 범위 안 쪽에 있는 것과 그렇지 않은 것. 이런 것들을 구분하는 기준이 있다면 그것은 바로 '자아의 경계'라고 이름 붙여 줄 수 있을 것이다. 우리는 너무나 자연스럽고 아무렇지 않게 자아의 경계를 인식하고 있다. 어떤 것이 나인지 아닌지, 내 것인지 아닌지, 나를 향한 것인지 아닌지를 무의식적으로 느끼고 있다.

그리고 그건 분명 김정은의 연설이 자기 이야기로 느껴졌던 그 남성에게서도 마찬가지였을 것이다. 그냥, 왠지는 모르지만 어쩐지 그냥, 그 망상들이 자신의 일이라 느껴진 것이다. 김정은의 연설 장면은 그 남성 자신도 모르게 그의 자아 경계를 넘어섰고, 그는 그것이 자기 이야기라고 느꼈다. 물론 처음에는 그런 느낌 자체를 본인 스스로조차도 믿기 어려웠다. 하지만 계속하여 자아의 경계를 침투하여 들어오는 사건들을 거부하기란 쉽지 않다. 내 것, 내가 아닌 것으로 다가오는 느낌을 의심한다는 것은 우리에게 매우 부자연스러운 일이기 때문이다. 그렇지만 우리는 분명 그 남성을 쉽게 이해할 수 없다. 어떻게 그렇게 그 경계가 우리와 다를 수 있는지 이해하기 어렵다.

물론 자아 경계를 넘어서는 직관적인 느낌의 기준은 때에 따라 조금씩 달라질 수 있다. 텔레비전에서 뜬금없이 내 이야기를 하는 것 같은 느낌처럼 기이한 수준이 아니라고 하더라도 말이다.

예를 들어 내가 실수로 티셔츠를 뒤집어 입고 출근길에 나서게 되었다고 한다면, 나는 평소보다 훨씬 더 사람들 시선이 신경 쓰일 것이다. 물론 실제로 사람들의 시선은 평소의 출근길과 크게 다르지 않을 것이다. 하지만 아무리 뒤집어 입은 티가 별로 안 나는 티셔츠라고 해도, 한번 신경을 쓰기 시작하면 괜히 화끈거리고 민망해서 어쩔 줄 몰라하게 된다. 심지어 티셔츠를 뒤집어 입었다는 사실을 깨닫기 직전까지는 사람들의 시선이 나를 향한 것이라고는 전혀 생각지도 않다가도 말이다. 그걸 깨달은 순간부터는 왠지 지나가는 사람들이 다 내 티셔츠를 힐끔힐끔 쳐다보는 것만 같고, 비웃는 것처럼 느껴지기도 할 것이다.

이런 순간에도 마찬가지이다. 분명 사람들이 '나'를 쳐다보는 것처럼 느껴지긴 한다. 그렇지만 내가 그 사람들의 시선을 일일이 분석해서 나를 쳐다보는 것이라고 판단하게 되는 것은 아니다. 그냥 그날따라 저절로 사람들이 '나를 쳐다보는 것'이라고 느끼기 시작하는 것이다. 평소에는 나의 경계를 통과하지 못하던 출근길의 낯선 이들이 나의 경계를 뚫고 들어오기 시작한다. 자아의 경계가 약화된 것이다.

이렇게 자아의 경계가 분명 때에 따라 달라지게 된다는 것은 쉽게 경험할 수 있다. 하지만 과연 어디까지 어떻게 달라질 수 있는 것일까. 자아의 경계라는 게 어떻게 생겨 먹은 것이길래 김정은이 하는 이야기까지 나한테 하는 이야기로 들릴 수 있는 것일까. 아니, 애초에 내 자아에 경계라는 것이 도대체 어디쯤 어떻게 걸쳐 있는 것일까. 자아는 그냥 나인 거 아니었던가?

처음 정신건강의학과에서 환자들을 진료하게 되면서, 이렇게까지 한참이나 자아의 경계가 허물어져 있는 모습을 보게 된다는 것은 적잖이 흥미로웠다. 당연한 직관으로 누구나 자연스럽고 똑같이 알고 있을 거라는 '나'의 범위와 경계가 이렇게까지 다를 수 있다는 사실은 놀라울 수밖에 없었다. 대체 그 남성은 왜 자신과는 하등 관련이 없는 외부 자극들을 자신의 내부처럼 받아들였던 것일까. 아마 그 남성 스스로조차도 사실 묘연할 테지만, 분명한 것은 그의 자아 경계가 어느 순간부터 흐릿해졌다는 것이다. 이곳과 저곳. 나와 내가 아닌 것. 안과 밖을 가르는 구분이라는 역할을 제대로 해내지 못하게 되었던 것일 수 있다. 어느 것이 내 것인지, 어느 것이 바깥의 것인지를 혼동하게 되었다는 것이다. 실제로 어떤 정신증 환자들은 "누가 자꾸 내 머릿속에 생각을 집어넣는 것 같아요", "다른 사람 생각들이 자꾸 머릿속으로 들어와요", "누가 내 생각을 조종해요"라고 이야기하기도 한다. 자아의 경계가 취약해질 때에는 머릿속에 떠오르는 생각이 내 것인지, 다른 사람 것인지조차 구분하기 어려울 정도로 허물어지기도 한다.

우리가 당연스럽게 느끼는 '나'의 범위라는 것은 생각보다 훨씬 유동적이다. 도대체 뭐가 나인지 혼란스러워하게 될 정도로 취약하다. 그리고 그것은 자신이 구세주라며 난동을 부리던 환자에게만 해당되는 이야기가 결코 아니다. 사실은 우리 모두, 평범한 일상을 견뎌 내고 있는 우리 모두 때때로 허물어지는 자아의 경계 언저리에서 속수무책으로 혼란스러워하고 있다.

나도 나를 잘 모르겠는데

누구에게나 상냥하고 언제나 친절했던 그녀가 오늘따라 유독 부글거린다. 시종일관 남자친구에게 짜증을 부리고, 별 것 아닌 일로 불같은 분노를 쏟아 내기 일쑤다. 또 그랬다가 언제 그렇게 고래고래 소리를 질렀냐는 듯 슬픈 눈을 하고 세상에서 가장 비련한 여인처럼 우수에 젖는다. 당황한 남자친구는 어떻게든 여성을 달래 주려 안간힘을 써보지만 눈길조차 받지 못할 따름이다. 여자는 비에 흠뻑 젖은 강아지마냥 고개를 푹 떨구고 터덜터덜 걸어간다. 그 순간 어느 행인이 여자의 어깨를 툭 치고 지나간다. 평소에는 누구에게나 한없이 친절하던 그녀가 행인에게 별안간 불처럼 화를 쏟아 낸다. 폭언을 쏟아 내며 가방을 집어 던진다. 있는 대로 쏟아 내던 그녀는 남자친구는 안중에도 없는지 갑자기 획 돌아선다. 그대로 오던 길을 되돌아가 버린다. 행인은 그저 날벼락을 맞은 셈이다. 남자친구는 그 행인을 향해 다급하게 대신 사과를 하고 당황과 짜증이 섞인 걸음으로 여성을 뒤쫓아 간다. 손목을 낚아채며 다그쳐 묻는다.

"도대체 오늘 왜이래? 너답지 않아 이러는 거."

그러자 뒤돌아선 여성은 피식하며 실소를 잠시 내뱉고 분노와 회한 섞인 눈빛을 발사하며 남자의 다그침을 철학적인 질문으로 돌려준다.

"나다운 게 뭔데?"

"나다운 게 뭔데"는 여기저기서 너무나 많이 차용된 진부하디진부한 대사이다. 드라마고 영화고 만화고 할 것 없이 '나다운 게 뭔데'를 한 번 외치지 않고서는 주인공이라고 이야기하기 어려울 정도로 수십 년간 남발된 대사이다. 그러면서도 또, 짜낼 대로 짜내서 더 이상 나올 게 없을 것 같지만 한 번 더 짜내면 신비롭게도 한 방울이 더 떨어지는 젖은 수건처럼, 여전히 계속 쓰이고 있는 클리셰 계의 고전이다. 영화 〈실미도〉에서는 친절하던 교관이 부대원 살해 명령을 받고 갑자기 악역으로 돌변하며, 병사들에게 "나다운 게 뭔데!"라며 일갈한다. 대체 나다운 게 뭔지를 왜 그렇게들 살벌하게 물어보는 걸까. 남들이라 잘 모르니까 본인이 나다운 게 뭔지 차근차근 설명해 주면 되는데 말이다.

문제는 나다운 게 뭔지 도통 알기 어렵다는 것이다. '나'라는 게 누구인지는 분명히 안다. 그런데 나다운 건 도대체 뭐일까. 뭐가 나를 구성하고 있는 것일까. '나', '나다운 것' 같은 개념들도 사실은 그냥 너무나 자연스럽게 받아들여지는 직관에서 그치고 있을 뿐이다. 나의 행동이나 생각, 감정 중에 과연 진짜 나는 무엇일까. 또, 내가 아닌데 나라고 느껴졌던 것들은 어떤 것이었을까. 왜 그랬을까. 아니, '나'라는 게 누구인지부터 내가 제대로 알고 있기나 한 것일까. 왜 그렇게 나 스스로도 뭐가 나이고 뭐가 내가 아닌지를 구분하기가 어려운 것일까.

에릭 에릭슨Erik Homburger Erikson은 인간의 사회심리학적 발달 단계를 이야기하며 인생의 황혼기, 노년기에 성취해야 할 과제는 '자아 통합'이라고 이야기했다. 노년기에 자아 통합을 이뤄 내지 못하게 된다면 절망despair에 빠지게 된다고도 했다. 자아란 것을 하나로 합쳐 내야 한다는 말이다. 그 말인즉슨 어쩌면 우리들은 노년기에 이르기까지 삶의 다양한 고초를 겪으며, 통합되지 못한 채 여러 개로 쪼개진 마음 조각들을 품은 채로 살아가고 있다는 말일 수도 있다.

우리는 때때로 마음속에 일어나는 감정이나 생각들이 과연 어떤 감정과 생각인지를 나 스스로조차도 이해하기 어려운 경우를 겪는다. '나도 나를 잘 모르겠는' 경험들 말이다. 분명 눈물은 흐르는데 어떤 감정인지 설명하기 어려웠던 경험이나, '나도 모르게' 저질렀던 행동들, 내가 나를 바라보며 혼란스러워했던 경험들은 누구나 흔히들 갖고 있을 수밖에 없다. 그리고 그 혼란 속에서 이해되지 못한 감정과 생각은 자아의 경계를 조금씩 허물어 낸다. 뭐가 나인지, 뭐가 나다운 것인지를 혼동하게 만드는 것이다. 그렇게 그 감정과 생각들은 허물어진 경계를 틈타 나의 인식 너머로 휘리릭 탈출한다. 마치 내 것이 아닌 것처럼 받아들여지게 된다. 그래서 원래는 내가 만들어 낸 감정을, 다른 누군가 때문에 생긴 것이라고 생각하게 되기도 한다. 아니면 진짜로 그것들이 허물어진 경계의 틈으로 새어 들어온 다른 누군가의 감정과 생각들이었던 걸지도 모르고 말이다. 어쨌든 감정과 생각들이 경계 지어지지 않고 혼란 속에 남게 된다는 것이다. 그런 감정과 생각들은 그저 불명不明의 불쾌함으로 조각나 버린다. 나도 잘 모르겠는 나의 모습들은 경계를 벗어난 채 나도 아니고 내가 아닌 것도 아닌 어정쩡한 마음속 조각으로 남아 버린다.

에릭슨이 이야기한 자아의 통합이라고 이야기한 과제는 그러한 마음의 조각조각들을 그러모아 내는 작업을 포함하는 것이다. 조각들의 통합과 진정한 나에 대한 성찰 말이다. 물론 노년기에 이르러서야 그것을 온전히 이뤄 낼 수 있다고 이야기할 만큼 자아 통합이란 과제는 굉장히 어려울 수밖에 없다. 그렇지만 통합을 이루지 못한 노년기의 모습을 에릭슨은 '절망 Despair'이라 표현했다. 그 '절망'이라는 것, 그것은 어쩌면 지금 당장 우리가 겪고 있는 일상 속 수많은 혼란과 다름없다. 자아의 경계 안에서 통합되지 못한 마음 조각들 사이에서 지금 내가 겪고 있는 혼란 말이다. 그런 혼란을 헤치고, 절망의 늪에서 헤어 나올 수 있는 길이 바로 거창하게 말해서 '자아 통합'이라는 것이다.

즉, 나인지 내가 아닌지 모르겠는 마음들. 그것들의 경계를 어렴풋하게나마 그어 내고, 알알이 구분해 내는 것이야말로 진정한 '나'가 흔들림 없이 안정된 자아로 오롯이 우뚝 설 수 있는 길이다. 문제는 과연 '어떻게'이겠지만….

어디서부터 어디까지가 나일까

　다시 말해 자아의 경계가 존재한다는 건, '여기서부터 여기까지는 자아', '여기서부터는 비자아'가 구분되는 지점이 존재한다는 말이다. 사실 이 단순한 사실은 그다지 어려울 것 없이 직관적으로 이해가 가능하다. 너무나 당연한 이야기이다. 나의 자아란 것이-나라는 존재가 분명히 여기 있고, 그렇다고 세상 모든 것이 나의 자아는 아니니까 당연히 그 구분이 있을 수밖에 없지 않겠는가.

　하지만 정신적 자아는 그 정체부터가 애매해 자꾸 이해하기 어려워진다. 그에 대한 이해를 돕기 위해서는 우선, 신체적 자아부터 살펴볼 필요가 있다. 신체적 자아는 직관적으로도 외부와 구분되는 경계를 파악하기가 어렵지 않기 때문이다. 지금 내려다보이는 나의 손, 발, 팔, 다리, 머리는 분명히 피부와 털로써 외부와 그 경계를 짓고 있다. '나'와 '내가 아닌 것'을 구분 짓는 윤곽선은 피부나 때에 따라서는 옷의 윤곽선으로 쉽게 그려 낼 수 있다. 나의 살과 다른 사람의 살이 밀착되어 맞붙어 있는 순간에도 나-나의 신체적 자아의 경계는 분명하다. 아무리 가까이 밀착한다 하더라도, 심지어는 나의 살을 다른 사람의 살과 꿰매어 놓는다 하더라도 내 신체의 경계는 분명하게 그려질 수 있다. 나의 신체적 자아는 당연히 3차원 공간 속에서 시각화될 수 있다고 여겨진다. 사실 우리가 머릿속으로 '나'라고 할 때 떠올리는 뭐라 표현하기 어려운 그런 어떤 이미지에도 우리의 얼굴이나 신체 윤곽을 나타내는 시각적 이미지가 포함되어 있기 마련이다. 나의 신체적 실체, 자아의 신체적 실체와 그 경계와 윤곽은 대충 쉽게 파악할 수 있어 보인다. 나-나의 신체적 자아와 정체성은 나의 살과 뼈, 피부와 터럭, 얼굴과 팔다리로 이루어져 있다.

손오공은 터럭 한 가닥을 뽑아 손바닥에 올려 후하고 불면 자신과 똑 닮은 분신을 만들어 낼 줄 아는 요괴였다. 비슷하게, 우리나라의 어떤 옛이야기에서는 절에 들어가 공부를 하던 어떤 젊은이의 손톱을 주워 먹은 쥐가 그 사람과 같은 모습으로 둔갑하여 그 집의 아들 행세를 하기도 한다. 옛날 사람들은 신체의 터럭 한 가닥, 손톱 한끝에도 그 사람의 혼과 육이 깃들어 있다고 생각했구나 싶다. 그도 그럴 것이 불과 100년 전 조선에서도 그러지 않았던가. 구한말 강직하기가 이를 데 없던 선비들은 신체발부는 수지부모이라, 어찌 부모가 주신 터럭을 잘라 내느냐며 "내 상투를 잘라 가려거든 그 전에 내 목을 먼저 잘라라"라며 당당하게 죽음을 맞았다. 내 신체의 일부를 잘라 낸다는 것은, 그것이 아무리 사소한 머리카락이나 수염이라 할지라도 나의 정체성과 자아가 훼손당하는 모욕스러운 일이다. 목숨을 바쳐서라도 지켜 내야 할 정체성이었던 것이다. 우리의 신체적 자아가 우리의 몸과 터럭으로 구성되어 있는 만큼, 우리의 살점과 팔다리, 터럭에는 우리의 자아와 정체성이 깃들어 있구나 싶어진다.

그렇지만 어찌된 일인지 100년이 지난 오늘날에는 수많은 사람들이 오히려 돈을 들여가면서 신체발부를 깎아 내고 있다. 병원 문턱이 닳도록 줄을 서가며 턱뼈를 잘라 내고, 지방을 흡입해 내고, 근육을 위축시키고 있다. 심지어는 실리콘이나 플라스틱 쪼가리 같은 보형물을 이곳저곳에 삽입하기도 한다. 그렇지만 아무 문제는 없다. 누구도 자신의 자아 일부가 떨어져 나갔다고 생각하지 않는다. 오히려 한층 더 멋지고 아름다워진 자신의 모습에 만족스러운 미소를 띠며 거울 앞에 서기도 한다. 신체적 자아가 그것을 구성하는 신체적 요소들에 조금씩 깃들어 있다고 생각했던 상황에서는 사실 좀 의아스러울 수밖에 없었다. 그들이 버려 낸 뼛조각, 살점들에는 그들의 자아가

묻어 있지 않던 것인가? 일차원적이긴 하지만 산술적으로 본다면 내가 지금 지방을 1kg 덜어 내면 '나' 또한 1kg 떨어져 나가는 것이 아닌가? 시대가 바뀐 것이 문제일까?

그렇지만 구한말 당시에도 아무렇지 않게 면도를 하고 상투를 덜어 낸 사람들이 많았다. 반대로, 현재에도 불의의 사고로 내가 당장 팔다리를 잃거나 한다면 아마 나는 나의 정체성과 자아에 심각한 손상을 입고 비통한 슬픔에 잠기게 될 것이다. 우리의 신체를 이루는 자아가 우리의 신체발부로 이루어져 있고 그것들에 깃들어 있음은 분명한데 그럼 그 경계는 어디에 있는 것일까. 사람마다 상황마다 달라 보이는 저 경계는 어떻게 이루어져 있는 것일까. 더욱 극단적인 예로는 다른 사람의 신체 일부를 이식받는 경우마저 있는데 말이다. 간을 이식받기도 하고, 신장을 이식받기도 하고, 심장을 이식받기도 하고….

미국 캘리포니아에 사는 50대 여성 그라시엘라 로페즈는 26세였던 젊은 아들 후안을 갑작스럽게 잃었다. 후안은 갑작스럽게 원인도 모를 병으로 4살 된 손녀만 덜렁 남긴 채 그녀를 떠나갔다. 후안은 숨진 뒤 심장을 기증하였고, 그의 심장은 미국의 어느 57세 남성, 데이비드 폰더에게로 이식되었다. 수술이 성공적으로 진행되어 폰더는 건강을 되찾았고, 이후 후안의 가족에게 연락을 했다고 한다. 로페즈가 아들을 잃은 지

1년이 지났을 무렵, 결국 데이비드 폰더는 그녀를 찾았다. 둘의 첫 만남에서 로페즈는 폰더에게 천천히 다가가 청진기를 가만히 그의 가슴에 댔다. 낯선 남성의 가슴에서 아들의 심장이 두근두근 뛰고 있는 소리를 들으며 그녀는 뜨거운 눈물을 흘렸다. 폰더 또한 자신이 가슴에 품고 있는 심장을 낳아 준 낯선 여성의 앞에서 눈물을 감추지 못했다. 폰더는 이 멋진 장면을 자신의 SNS에 올렸고, 그의 SNS를 통해 이 동영상에서 느껴지는 알 수 없는 감동은 전 세계 사람들의 심금을 울렸다.

잠깐 감동 파괴를 하자면, 사실 누구나 알다시피 심장은 피를 뿜어내는 체순환과 폐순환의 생체 동력장치에 불과하다. 다른 개체에서의 면역 반응만 잘 억제할 수 있다면 어디에서든 같은 역할을 해낼 수 있는 펌프이다. 폰더의 가슴을 열어 심장을 꺼낸 뒤 잘 해부해 본다면 후안의 DNA는 찾을 수 있겠지만, 어디에서도 후안의 '혼'이나 '마음', '자아' 같은 형이상학적인 존재의 근거를 찾아볼 수는 없다. 후안은 죽고 없다. 다만 후안의 혈액 펌프로 기능하던 부품을 살려서 사용하고 있을 뿐이다. 그렇지만 우리는 이 짧은 동영상에서 알 수 없는 먹먹함을 느낀다. 가슴 속에 다른 사람의 심장을 넣어 본 경험은 해본 적도 없으면서 말이다. 또 폰더는 왜 처음 보는 50대 여성이 자신의 심음을 청진하는 동안에 울보처럼 눈물을 참을 수 없었던 것일까. 분명한 건 로페즈의 청진기가 자신의 가슴에 닿던 그 순간, 폰더는 자신의 신체적 경계가 잠깐 흐려지는 것을 경험했을 것이라는 사실이다. 지금껏 자신이 생각해 왔던 '나의 몸'이라는 자아와 얼굴도 모르는 후안이라는 사내의 몸, 그리고 그 흔적을 느끼며 눈물을 흘리는 그의 어머니를 보면서 폰더는 자신의 심장, 자신의 몸, 자신의 마음이 평소의 경계에서 조금 비틀리는 경험을 했을 것이다. 그의 눈물이 아마 그 틈을 비집고 새어 나온 것이라고 한다면 너무 문학적일까.

'나'의 신체적 자아는 지금 내가 거울 앞에서 바라보고 있는 그 형상으로 이루어져 있다. 나는 검은색 머리카락과, 검은 눈동자, 코, 입, 팔, 다리, 가슴, 배로 이루어져 있다. 그런데 지금 당장 거울을 바라보며 내가 내 오른팔을 쑥 뽑아 버린다면 어떻게 되는 것일까. 조금 전까지 '나'의 일부였던 내 오른쪽 팔은 이제 더 이상 내가 아니게 되는 걸까. 아니 그보다 오른쪽 팔이 쑥 뽑혀져 나간 '나'는 좀 전까지의 양팔 '나'보다 조금 '덜한 나'인 것일까. 분명한 건 후안과 폰더의 사연이 보여 주듯 그 '경계'라는 것이 때에 따라 얼마든지 달라질 수 있다는 것이다.

나와 내가 비틀린 채 살아가다

1

대학병원에서 정신과 수련을 받다 보면, 다른 진료과에 입원한 환자들을 찾아가 협진을 보곤 한다. 그중에 성형외과나 정형외과에서 의뢰하는 협진 케이스들 중에서는 '환상통'을 가진 환자들의 경우가 왕왕 있었다. 환상통은 잘려 나간 신체 일부가 마치 아직 붙어 있는 것처럼 심한 아픔이 느껴지는 증상이다. 없어진 다리, 없어진 팔이 아프다는 증상 자체가 일반적인 상식으로서는 꽤나 기괴하고 신기하게 느껴질 수도 있다. 그래서인지 영화나 소설 같은 문학 작품들에도 꽤나 많이 차용되어 온 소재이기도 하다.

환상통은 우리가 느끼는 '나'의 신체적 범위가 실제 신체와는 다를 수 있음을 좀 더 분명하게 보여 준다. 한 예로 내가 협진을 보았던 한 30대 초반의 남성은 잘라 낸 오른쪽 발의 통증으로 잠을 못 이루고 있었다.

에스컬레이터 수리 엔지니어였던 그 남성은 평소처럼 에스컬레이터를 수리하던 중에 기계가 갑자기 오작동을 하며 오른쪽 발이 끼어 들어가며 짓눌렸다고 한다. 곧바로 응급실로 후송되었지만, 오른쪽 발목까지가 심하게 으깨어져 결국 오른쪽 무릎에서 다리를 절단해야만 했다. 수술은 비교적 잘 진행되었고, 예상치 못했던 사고의 슬픔도 그 남성은 비교적 잘 극복해 내는 듯했다. 앞으로 엔지니어 일과 일상생활을 지금처럼 이어 가기 힘들다는 사실에 슬퍼하고 절망하기도 했지만, 다행히 현실을 받아들이고 적응해야 할 방법을 찾으려 노력했다. 수술한 다리의 회복과 재활 훈련에도 적극적으로 참여하려 했다. 그러나 문제는 수술한 지 1주일 정도가 지난 뒤부터였다. 갑작스럽게 견디기 힘든 오른발의 통증이 시작된 것이다. 느닷없이 발생하는 통증은 잠에서도 벌떡 깨어 고통에 몸부림칠 만큼 강력했다. 마치 발끝에서부터 다리 전체가 타들어 가는 듯한 느낌이었다. 불로 지지는 듯한 심한 통증에 웅크리며 오른발을 감싸 쥐려 했지만, 거기에 오른발은 없었다. 발끝이 있어야 할 그곳의 한참 위에서 어색하게 뭉툭한 무릎만이 버둥거리고 있을 뿐이었다. 진통제를 투여해도 효과가 없고, 날이 갈수록 심해지는 통증에 그 남성은 점차 피폐해져만 갔다. 성형외과에서는 결국 정신건강의학과에 협진을 의뢰했다. 내가 가서 그 남성을 처음 보았을 때, 그는 분명히 이야기했다. 오른쪽 엄지와 두 번째 발가락의 첫 번째 마디 쪽이 작열하듯 아프다고 말이다. 스스로도 없는 발가락이 아프다고 이야기하는 것이 어색한지 연신 무릎의 붕대만을 매만지고 있었지만, 그는 분명히 발가락이 아프다고 이야기했다.

환상통은 견디기 힘든 고통이지만, 사실 시간이 지나면 점차 사라지는 것이 일반적이다. 뇌에서 감지하는 신체의 형태와 실제 신체 형태의 차이가 갑작스럽게 커지면서 뇌가 아직 적응하지 못하고 있는 것이다. 그 남성에게서 실제로는 오른쪽 발이 더 이상 존재하지 않게 되었지만, 아직 그 남성의 뇌가 떠올리는 '자아'의 형상에서는 아직 오른쪽 발을 잘라 내지 못했다는 이야기이다.

곰곰이 생각해 보면 그는 분명 정신적으로는 자신의 오른발이 절단되었다는 것을 충분히 알고 있었다. 슬퍼하긴 해도 비교적 잘 받아들이고 있었다. 눈물을 머금고 자신의 정신적인 자아의 경계에서도 오른쪽 발을 잘라 낸 후였다. 그렇지만 그는 분명 잘라 낸 오른발을 '느끼고' 있었다. 그것도 아주 구체적으로, 아주 강렬하게, 끔찍하리만치 강렬하게 느끼고 있었다. 그가 아프다고 한 오른발 발가락은 누구의 발가락이었을까 하는 이상한 질문이 떠오른다. 그는 과연 지금 아픈 이 오른발이 자기 발이라고 자연스럽게 이야기할 수 있을까. 그는 과연 "내 오른발이 아파요"라고 말할 수 있는 것일까. 아니면 사실 그는 자신의 발이 잘려 없어졌다는 사실을 아직 이해하고 받아들이지 못한 것이었을지도 모른다. 그렇다면 오른발이 없는 자신의 미래를 비교적 담담하게 받아들이고 있던 남자는 과연 누구였을까.

우리는 '나'를 이야기하며 무의식적으로 떠오르는 나의 몸과 마음의 이미지를 받아들인다. 우리는 각자의 '나'로 살아가고 있다. 그러나 극적인 순간 나의 몸과 마음은 예상할 수 없는 지점에서 기괴하게 분열된다. 나와 내가 서로 비틀린다.

오른발이 잘려 나가는 손상처럼, 우리의 마음도 때때로 그런 사고를 당하곤 한다. 마음도 몸만큼이나 연약하고 쉽게 다치게 마련이다. 강간이나 폭력, 전쟁과 같은 사고가 우리의 신체만 손상시키는 것이 아니라 정신적으로도 심각한 손상을 준다는 것은 이미 잘 알려진 바 있다. 또 그렇게까지 강렬한 외상은 아니더라도, 지속적인 일상에서의 스트레스 역시 마찬가지로 결국엔 우리를 갉아먹을 수 있다. 그런 경우에는, 마치 환상통에서의 그것과는 정반대로 실제로 신체에 아무 문제가 없는데, 신체의 손상이 있다고 받아들이게 되곤 하는 일이 있다. 소위 말하는 '신경성' 증상들이 그러하다고 이야기할 수 있다. 신경성 두통, 신경성 위염, 신경성 관절통 등등의 증상들 말이다. 의학적으로 '신체화 장애Somatization disorder'라 명명하는 이러한 증상들은 말 그대로 정신적인 손상이 '신체화'된 병이다. 어떤 경우에는 수많은 검사에서 아무 이상이 발견되지 않음에도 불구하고 아예 한쪽 팔이나 다리가 마비되거나, 전신경련을 일으키기도 한다. 그런 정도까지는 아니라 하더라도 신체화 증상들은 사실 정말 흔하다. 간단하게만 예를 들어 봐도 낯설지 않을 것이다.

40대 초반, 어느 누구와도 다를 바 없는 평범한 여성의 이야기이다. 매일을 전쟁같이 싸우던 남편과 죽지 못해 살아가는 나날들을 보내던 어느 날 결국 이혼을 결심했다. 내가 없으면 어찌 살지 상상만 해도 가슴이 먹먹한 아이들을 보면서 그래도 내 팔자가 저 인간이겠거니 하고 살아왔지만, 도저히 참지 못하는 순간이 다가온 것이다. 거래처 접대라더니 웬 새파랗게 어린년이랑 모텔에서 나오는 모습을 들킨 현장에서도 되레 목소리를 높이는 모습을 보고 나서는 오히려 마음이 차분하게 가라앉은 것 같았다. 매일매일 부글부글 끓던 분노가 무색하게, 나도 놀랄 정도로 차분하게 서류를 정리하고 침착하게 집을 구해 이혼을 진행했다. 합의 하에 이제 인생을 새로 정리하고 출발할 생각을 하니 어딘지 모르게 홀가분하기까지 했다. 그런데 어느 날부터였을까. 조금씩 머리가 지끈지끈 아파오기 시작하더니, 점점 두통이 심해졌다.

일시적인 두통이겠거니 하고 진통제를 먹어 보지만 효과는 있는 것 같기도 하고 없는 것 같기도 하고 애매하다. 신경 쓸 일이 생기거나, 잠을 못 자면 어김없이 머리가 띵해지며 두통이 심해진다. 그러던 어느 날 갑자기 머리가 깨질 것 같은 강렬한 통증이 쏟아진다. 아찔한 두통에 잠시 하던 일을 그만두고 정신을 부여잡기 위해 드러누워 있어야 할 정도다. 시간이 지나고 안정을 취하니 조금 호전되긴 했지만, 혹시 머리에 무슨 큰 문제가 생긴 것은 아닌가 하여 걱정이 들기 시작한다. 뇌출혈, 뇌경색 등 인터넷을 검색할수록 무서운 이야기만 줄줄이 이어진다. 갑작스러운 통증과 어지러움증, 구역감 등 곧 죽는다는 병의 증상이 다 내 이야기만 같아 겁이 난다. 결국 병원을 찾고 이런저런 검사를 해보게 된다. CT, MRI, 각종 피검사와 엑스레이 등을 찍고 의사가 여기저기를 만지고 치며 검진을 하지만 특별한 원인은 없다고 한다. 한술 더 떠서 두통의 양상이 비특이적이란다. 비특이적이라는 말이 무슨 뜻이냐고 되묻자 일반적인 두통에서 보이는 증상의 모습과 좀 다르단다. 뭔가 더 심한 병인가 싶어 겁이 덜컥 나서 '심각한 건가요?'라고 물어보자 그건 아니라면서 진통제만 처방해 준다. 진통제를 먹어도 두통은 좀체 사라지지 않는다. 머릿속이 정말 깨질듯이 아픈 게 뇌에 뭐가 생겼거나 뭐가 터졌거나 둘 중 하나는 분명한 것 같아 다른 병원을 방문해 보기도 한다. 하지만 앞서 겪었던 상황들이 되감기처럼 반복될 뿐이다. 다 정상인데 나는 왜 이렇게 아프냐고 투덜거리자 의사가 말꼬리를 흐리며 이런저런 이야기들을 몇 마디 주워섬긴다. 신경성 두통이 어쩌고 스트레스가 어쩌고…. 무슨 말인지를 모르겠다며 화를 내자 의사가 대화를 마무리 지으며 대답한다.

"정신과를 한번 방문해 보시는 것도 도움이 될지 모르겠습니다."

나는 분명히 머리가 깨질 듯이 아픈데, 내 머리에는 아플 만한 이유가 없다고 하니, 이 통증은 정말 머리가 아픈 것이 맞기나 한 것일까? 그럼 가짜 통증이란 건가? 머리가 아픈 이 느낌이 내 머리가 아픈 게 아닌 건가? 내 손가락을 구부릴 때의 감각, 오른쪽 발목을 까딱거릴 때의 감각처럼 내가 '내 몸'의 느낌이라고 당연스럽게 받아들이는 것들이 사실 진짜 '내 몸'의 그것과 다를 수 있다는 사실은 어딘지 모르게 기괴하다. 또 어딘지 모르게 서글프다. 진짜 내 마음, 진짜 내 몸은 내가 그동안 생각하던 내 마음, 내 몸이 아닌 어딘가 다른 곳에 있는 것만 같다.

나라는 애매한 것의 경계는, 내가 자연스럽게 떠올리는 몸의 이미지에서만 그치는 것이 분명 아니다. 자아라는 것의 정체를 그 신체적인 부분에만 한정하여 본다고 하더라도 그 범위가 실제적인 몸의 3차원 경계에만 의존하고 있지는 않다. 이미 사라졌지만 환상처럼 남아 있는 오른발과 같이 말이다. 아니, 사실은 애초에 '자아'라는 것을 '신체적 자아와 정신적 자아'처럼 간단히 둘로 나누어 그 경계를 파악하기엔 그 실체가 너무나 복잡하고 관념적이다. 내 몸과 내 마음, 뇌, 스트레스 등의 여러 가지 복잡한 요인들이 다 함께 뒤엉켜 자아라는 모호한 관념을 이루고 있다. 그리고 그 두루뭉술한 자아라는 것의 경계는 앞서 살펴보았지만 때에 따라 무척이나 달라진다. 우리가 쉽게 상상하기 어려울 정도로 달라지면서 어디까지가 자아인지, 어디서부터 자아가 아닌지를 때때로 혼동하게 한다.

2

2001년에 개봉한 리들리 스콧 감독의 〈한니발〉이라는 영화의 마지막 장면에서는 한니발 렉터 박사가 자신이 납치한 FBI 요원의 뇌를 잘라 먹이는 장면이 나온다. 렉터 박사는 산 채로 멀쩡히(?) 앉아 대화하는 FBI 요원의 두개골을 반쪽으로 열고 뇌막을 벗겨 낸 뒤 뇌를 조금 잘라 프라이팬에 구워 그 요원에게 직접 먹인다.

> 자신의 뇌가 구워지는 냄새를 맡으며 "맛있는 냄새가 나네
> 요."라고 이야기하던 요원은 렉터 박사가 건네는 잘 요리된
> 자기의 전전두엽prefrontal lobe 한 조각을 맛있게 씹어 먹는다.
> 그러고는 "오, 괜찮은데요!"라고 감탄한다. 이마 위로 자신의
> 벌건 뇌를 그대로 드러낸 채 말이다.

이 장면은 영화를 보는 모든 이로 하여금 구역감을 느끼
게 한다. 요원 앞에서 그 장면을 직접 지켜보는 영화 속 여주인
공 역시 구토를 참지 못한다. 그렇지만 모두가 느꼈을 그 메슥
거림은 단순히 시뻘건 뇌와 피를 적나라하게 보여 주는 이미지
자체의 잔인함 때문만은 아닌 듯하다.

불쌍한 FBI 요원이 먹은 뇌의 한 부분인 전전두엽은 생각
하고 추론하고, 분석하는 기능을 담당한다. 데카르트가 천명했
던 '나는 생각한다 고로 존재한다'라는 명제의 그 '생각한다'는
바로 전전두엽이 하는 일인 것이다. 전전두엽이 활성화되며 생
각함으로써 우리는 자신의 존재를 증명할 수 있다. 그리고 렉
터 박사는 그 전전두엽을 한 조각 잘라 그 존재에게 직접 먹인
다. 우리 모두의 무의식 깊은 곳에 본성처럼 자리 잡은 자아와
신체 사이의 이원론적 기본 관념을 철저히 유린한다. 신체적

자아와 정신적 자아, 생각과 감정, 영혼과 마음 등과 같은 모호한 개념들이 중첩된 인간 존재의 본질을 처참히 구워 먹는다.

분명 내가 생각하는 나의 정체, 자아라는 것은 그 신체 형상과 관념적인 무언가를 다 함께 포함하고 있는 것이다. 자아란 무엇이고 나란 무엇인지를 파고들면 파고들수록 어렵고 모호해진다. 그 탐구에 빠져 들어가다 보면 '내가 누구지'라는 거대하고 본질적인 질문과 맞닥뜨리게 되기도 한다. 누구나 한 번쯤 떠올리지만 곧 고개를 돌리게 되는 거창하고도 무거운 그 질문 말이다.

그러나 사실 그 해답 자체는 그다지 어렵지 않다. '내가 누군지'를 알기 위해서는 내가 아닌 것을 설명해 내면 되기 때문이다. 그러면 자연스럽게 내가 무엇인지를 유추해 낼 수 있다. 그 질문에 대답하는 명쾌한 해답이 바로 '자아의 경계'가 될 수 있는 것이다. 자아의 경계란 어디까지가 나이고, 무엇이 나인지를 구분해 주는 기준이기 때문이다.

그러나 골치 아프게도, 그 경계 역시 내가 생각하던 것처럼 분명하지가 않다. 그 정체를 들여다보려고 하면 할수록 나의 신체적 자아, 정신적 자아라는 것이 어디쯤에 어떻게 자리 잡고 있었는지부터가 사뭇 낯설게 다가오는 것만 같다. 나의 신체와 마음이 서로 어떻게 엮여 있었는지조차도 점차 불분명해진다. 마치 무지개의 7가지 색깔들처럼, 자신만만하게 알고 있다고 생각했던 그 경계가 들여다볼수록 모호해진다. 내 마음이 과연 어떻게 존재하고 무엇들로 이루어져 있는 것인지가 좀처럼 손에 잡히질 않는다.

나의 세계에만 갇혀 있는 마음

1

민코프스키Eugene Minkowski라는 러시아의 정신과 의사는 자폐라는 병을 '현실과의 살아 있는 접촉의 상실'이라고 표현했다. 주변과 '살아 있는' 접촉을 할 수가 없는 병이라는 것이다. 실제로 자폐 장애를 앓고 있는 사람들을 볼 때면, 어딘가 우리의 현실과 동떨어진 곳에 살고 있는 것처럼 보이기도 한다. 자신만의 세계에서만 사는 것처럼 보인다. 그들의 마음은 마치 자신의 경계 안에 갇혀 버린 것처럼 보인다.

우리가 사회적 관계를 맺는 과정은 다른 사람의 마음과 나의 마음이 서로 만나게 되는 과정이다. 물론 때로는 몸과 몸이 만나는 과정도 포함하지만 말이다. 너와 내가 함께 같은 시간과 공간에 존재한다는 것을 인식하고, 서로가 서로를 바라볼 때에 우리는 '관계'를 형성하게 된다. '나의 마음'이 '내가 아닌 마음'과 만난다는 것이다. 그리고 그 관계 안에서 두 마음을 구분하는 것이 바로 각자 마음의 경계이다. 다시 말해, 관계가 형성된다는 것은 내 마음의 경계가 다른 사람의 경계와 만나게 되는 순간이라고 할 수 있다. 경계와 경계가 맞부딪히는 순간 말이다.

그러나 자폐증을 앓고 있는 사람들은 자신만의 경계에 갇혀 있다. 그 경계 너머의 다른 마음을 바라보지 못한다. 철옹성 같은 경계 뒤에 숨어 다른 마음과의 만남을 외면한다.

자폐증이 관계를 외면하고 자기 안에 자신을 가두는 이유는 선천적으로 '공감 능력'이 잘 발달하지 못하기 때문이다. 공감은 다른 사람에게도 나와 마찬가지로 마음이 있다는 것을 받아들이는 데에서 시작한다. 그래서 내가 생각하고 느끼는 것처럼 다른 사람의 마음에 나의 마음을 대입해서 상상해 보는 것이 바로 공감의 출발인 것이다.

그러나 자폐증을 가지고 있는 사람들은 다른 사람들에게도 자신처럼 마음이 있다는 사실을 잘 이해하지 못한다. 다른 사람을 나름대로 생각할 수 있고, 느낄 수 있는 존재로 생각하지 못하고, 그저 행동을 하는 객체로만 받아들이는 것이다. 그래서 자폐증을 가지고 있는 아이들은 부모에게 무언가를 요구할 때에 손가락으로 가리키거나 말로 요구하지 않는다. 자신이 그것을 가리키면 상대방도 그것을 바라볼 것이라는 이해를 하지 못하기 때문이다. 대신 부모의 손을 직접 잡아끈다. 부모의 손을 잡고, 자기가 갖고 싶은 장난감으로 가져간다. 과거 배런-코헨Baron-Cohen 등의 연구에서도 자폐증을 가진 사람은 다른 사람의 마음을 읽는 능력Theory of Mind에 결함이 있다고 이야기했다.

자폐장애를 갖고 있는 사람들의 마음은 자신의 경계 안에만 갇혀 있다. 자신의 경계 너머에는 그 무엇도 존재하지 않는다고 여긴다. 그 무엇도 마음의 경계 바깥으로 나갈 수 없으며, 그 무엇도 들어올 수가 없다. 자폐된 마음은 드넓은 우주에 오롯이 홀로 존재한다.

일반적인 사람들의 입장에서는 자폐증의 그러한 폐쇄성을 쉽게 이해하기 어렵다. 우리는 선천적으로, 너무나 자연스럽게 공감을 하고 있기 때문이다. 나의 마음에 경계가 존재한다는 사실만큼, 그 경계를 기준으로 나눠지는 구분 너머에는 또 다른 마음이 있다는 사실을 아무런 의심 없이 받아들이고 있기 때문이다. 그 당연한 사실을 의심해 본 적이 없다.

그러나 사실 그 문제는 그렇게 간단하지만은 않다. 당연할 것만 같은 그 사실은 우리가 절대 접근할 수 없는 영역에 속해 있기 때문이다. 사실은 자폐증 환자뿐만이 아니라, 우리모두 역시 다른 사람에게도 마음이 있다는 것을 결코 100% 완벽하게 이해할 수는 없다. 내 마음의 경계 바깥에도 다른 사람들의 마음이 있다는 사실은 우리가 결코 알 수 없는 영역의 이야기일 수밖에 없다. 예를 들자면 이런 것이다.

김이 펄펄 끓는 뜨거운 주전자에 친구와 내가 동시에 손이닿았다고 해보자. 내 손가락이 뜨거운 물주전자에 닿는 그 순간. 앗! 뜨거. 정신이 번쩍 드는 고통. 반사적으로 팔이 움츠러들고 난 뒤에야 화들짝 놀라며 정수리를 타고 내려가는 화끈함. 이내 곧 시뻘게진 손가락을 붙잡고 비명을 지른다. 통증이선명하다. 옆을 보니 친구도 마찬가지로 못생긴 얼굴을 있는대로 구겨 가며 신음하고 있다. 그런데 가만, 내가 방금 느낀그 생생한 아픔을 이 친구도 똑같이 느꼈다고 과연 단언할 수있을까. 내가 느끼는 이 고통이 지금 쟤가 느낀다는 저 고통과 과연 똑같을까? 곰곰이 생각해 보면 사실 나는 친구가 '앗!뜨거'라고 외칠 때의 '그' 고통을 경험할 수 없다. 사실은 그렇게까지 고통스럽지는 않은데 나만큼 고통스러운 척하는 건지,아니면 나보다 훨씬 더 크게 고통을 느끼고 저 정도만 반응을하는 건지, 아니면 고통스럽다고 생각하는 그 감각이 내가 지금 느끼는 이 화끈한 아픔과는 다른 어떤 형태의 감각인지 나는 알 수 없다. 비약하자면 사실 내 친구는 애초에 자아나 마음 따위는 없는 차가운 기계덩이 터미네이터였고 나를 제거하기 위해 호시탐탐 기회를 노리며 사람 가죽을 뒤집어쓰고 감각을 느끼는 척하는 것이었던지도 모른다. 상대방의 자아가 경험하는 세상을 우리의 자아는 절대 그대로 경험할 수 없다. 나아가 상대방의 자아가 존재한다는 근거조차도 찾을 수 없다. 자폐장애를 가진 사람들의 일상이 그러하듯, 존재론적으로는 우리 모두 역시 우리의 자아 안에 갇혀 있을 수밖에 없다. 우리 모두 본질적으로는 자폐적이다.

그러니까 우리는 우리의 마음, 우리의 자아를 통해서만 모든 것들을 받아들이고 가정할 수밖에 없다. 확신할 수 있는 것은 내가 자아를 가지고 존재하고 있다는 것뿐. 그 외 모든 것들은 나의 마음에 드리워진 그림자들만을 쳐다볼 수밖에 없는 것이다. 그 너머는 아무리 두 눈을 부릅떠도 그 존재의 실체가 보이지 않는다. 내 마음의 끝도, 내 친구의 마음도 보이지 않는다. 줄곧 이야기하는 자아의 경계란 것 역시 마찬가지이다. 본디 경계란 이곳과 저곳을 나누는 기준일진대, 내 마음이 아닌 다른 마음에 원천적으로 접근할 수가 없다면 경계란 것이 무슨 의미가 있겠는가.

2

물리학에는 '다중우주'에 대한 이론이 있다. 지금 우리가 살고 있는 이 우주 말고 다른 우주들이 어딘가에 존재한다는 이론이다. 다중우주의 논의 자체가 등장한 지는 사실 꽤나 오래되었다. 실제로 현재까지도 우리 우주 말고 다른 우주가 있을 가능성이 높다는 이론들이 여러 다양한 형태로 제시되고 있다.

그러나 절망스럽게도 우리는 우리의 우주를 결코 벗어날 수 없다. 기술과 노력의 부족으로 알 수 없는 것이 아니다. 현재까지 밝혀진 바에 따르면 우리는 물리 법칙상 아예 원천적으로 우리 우주를 벗어날 수 없다. 우리는 우리 우주를 벗어나기는커녕 그 경계조차 관측할 수조차 없다고 한다. 마치 우리가 우리의 마음에 본질적으로 갇혀 있듯, 우리는 분명 우리의 우주에 본질적으로 갇혀 있다. 우리는 우주 안에서 철저히 자폐적이다.

그렇다면 다중우주라는 것 역시 '너'의 마음이 내게 갖는 그 의미와 다를 바 없다. 허무할 수밖에 없다. 그 우주의 끝이나 그 밖의 다른 우주라는 것이 무슨 의미가 있겠는가. 다중우주라는 것이 애초에 무슨 의미를 가질 수 있다는 말인가.

그러나 매튜 클레번이라는 미국 뉴욕대학교 물리학과 교수는 2011년 한 논문에서 "인플레이션 우주에서는, 팽창하는 거품 다중우주의 경계가 서로 충돌할 수 있으며, 이 경우 각자 우주의 배경복사(온도)에 흔적을 남긴다."고 이야기했다.

우리가 존재하는 이 우주와 다른 우주와의 상호작용이 이론적으로 관측 가능하다는 뜻이다. 우리 우주만 해도 너무 거대해서 그 형태나 경계를 떠올릴 수 없는데, 그 바깥의 다른 우주가 우리 우주의 경계와 충돌하는 것은 관측할 수 있다는 것이다.

가늠하기조차 어려운 경계와 접근할 수 없는 외(外)우주는 그 존재부터가 무의미해 보인다. 그러나 다른 우주와 우리 우주가 충돌하는 그 순간, 그 존재들은 우리에게 비로소 의미를 갖게 된다. 스스로의 자폐적 우주 안에 영원히 갇혀 버린 우리가 그 경계를 엿볼 수 있는 순간은 바로 다른 우주와 만남의 순간인 것이다. 알 수 없기 때문에 알 필요조차 없는 것처럼 여겨졌던 우주의 바깥 경계가 기적적으로 우리 인식 영역 안쪽에 그 실재적 정체성을 드리운다. 찰나의 순간, 다른 우주와 꽝하고 부딪히는 바로 그 찰나의 순간에만 말이다.

어쩌면 우리의 마음, 우리의 자아 역시 마찬가지일 수 있다. 우리 마음의 본질적인 자폐성은 '다른 사람의 마음이 과연 존재나 하는가?'라는 물음에도 확답할 수 없게 만든다. 자아 경계 자체의 존재 의미를 흘어 버린다. 우리들 각자의 마음이 각자의 우주라고 한다면, 우리는 모두 각자의 우주 속에서 스스로의 경계조차도 다가갈 수 없을 정도로 외롭게 고립되어 있다.

그러나 일단 내 옆에 있는 이 친구도 나처럼 마음과 자아라는 것을 가지고 있다는 것을 가정한다면, 다중우주라는 것이 존재한다고 가정한다면, 놀라운 인식의 확장이 일어나게 된다. '나'의 경계가 '너'의 경계와의 만남을 통해서 엿보일 수 있다. 우리 우주가 그러하듯, 내 마음의 경계는 너와의 만남을 통해서 의미를 갖게 되는 것이다.

II. 지금 내 마음, 그거 정말 '나' 맞나요?

그건 제 마음이 아닌데요

1

"제가 아이언맨입니다I'm Iron man."

10년이 넘도록 전 세계적인 흥행 폭풍을 몰아가고 있는 디즈니의 마블 시네마틱 유니버스MCU는 아이언맨의 이 한마디로 시작되었다고 해도 과언이 아니다. 콜슨 요원은 토니 스타크에게 아이언맨으로서의 정체를 감출 수 있도록 50가지나 되는 알리바이들을 마련해 주었지만, 영화의 막바지에 그는 수많은 기자들 앞에서 자신만만하게 외쳤다. "내가 아이언맨이다."라고 말이다.

디즈니와 손잡은 마블의 대성공으로 아이언맨은 이제 슈

퍼맨과 배트맨에 이어 전 세계적인 아이콘으로 우뚝 서가고 있다. 아이언맨은 전형적인 자기애적 슈퍼히어로이다. 물론 다른 사람을 위해 희생하는 슈퍼히어로와 자기애적이라는 수식어가 그다지 어울리지는 않는다. 하지만 적어도 아이언맨이라는 슈퍼히어로의 데뷔는 그랬다. 세계의 중심에 본인이 서 있었다.

영화 속에서 스타크 인더스트리라는 세계 굴지의 군수업체를 상속받은 억만장자이자, 그 스스로가 천재 공학자인 토니 스타크는 자신이 직접 설계하고 제작한 전투용 수트를 입고 아이언맨으로 분한다. 원자로 심장을 탑재한 초합금 수트를 입은 그는 총탄이 난무하는 전장을 산책하듯 거닐고, 양손에서는 대포보다 강력한 리펄서 빔을 발사하고, 제트기보다 빠르게 창공을 가른다. 수트를 벗었을 때에도 토니 스타크는 도심 한복판의 마천루에서 수많은 미녀들과 수영장 파티를 여는 억만장자 플레이보이이다. 그는 늘 자신감에 넘쳤다. 슈퍼맨이 안경을 쓰고 신문사에 앉아 있는 동안, 배트맨이 저택 지하 동굴 속에 숨어 있는 동안, 토니 스타크는 전 세계 앞에서 자신이 아이언맨임을 직접 공표할 만큼 자기 자신에 대한 확신으로 가득 차 있었다.

토니 스타크에게 분명 전 우주는 자신의 자아 그 자체였을 것이다. 세상 그 무엇이든 가질 수 있었고, 세상 그 무엇보다 강력했고, 세상 그 무엇도 쓰러트릴 수 있었다. 그런 그에게 자아의 경계 따위란 고민할 필요조차도 없었을 거다. 토니는 그 어떤 것도 원한다면 본인의 일부분으로 만들 수 있었다. 그에게는 세상 모든 것이 '나'이기도 했고, 동시에 그 무엇도 '나'에 미치지 못했다. 무엇이 나이고, 무엇이 내가 아닌지 같은 골치 아픈 문제는 그에게 결코 중요하지 않았다. 언제나 득의양양했다. 내가 곧 전 우주이고 이 우주는 끝없이 뻗어 나가는데, 보이지도 않는 그 경계 따위가 무슨 의미가 있으랴.

그러나 마블의 세계관이 점차 확장되고 무지막지하게 강력한 악당들이 등장하며 이야기는 조금씩 복잡해진다. 무너지지 않을 것만 같았던 아이언맨의 초합금 수트가 처참히 뚫리고, 그가 지켜 내려 했던 것들이 그의 손아귀에서 벗어나기 시작하며 토니 스타크는 점차 혼란스러워지기 시작한다. 그의 우주 안에서 '내가 지켜 낼 수 없는 것', '내가 정복할 수 없는 것', '내가 아닐 수 있는 것'들의 존재를 발견하기 시작한 것이다. 그의 자아는, 어디서부터 어디까지가 진짜 '나'인지, 대체 어디서 그 경계선이 그어지고 있는 것인지를 혼동하며 휘청거리기 시작한다. '내가 최고'였던 영웅은 '내가 누구지?'라는 질문 앞에 맥없이 쓰러진다.

영화 〈아이언맨 3〉에 이르러서 토니 스타크는 각기 다른 모양과 기능을 갖춘 아이언맨 수트를 수십 개나 만들어 낸다.

자신의 연구실 벽면을 즐비하게 가득 채울 만큼 수트들을 만들고 언제 어디서든 수트들이 자신 없이도 날아다닐 수 있도록 만든다. 어쩌면 그 수많은 수트들은, 아이언맨이라는 가면 뒤에서 한없이 자신만만하던 자아가 무너지기 시작하면서 토니가 선택할 수 있었던 유일한 몸부림이었을지 모른다. 세상 모든 것들이 자기 자신 같았지만, 사실 그를 설명해 주던 것은 강력한 아이언맨 수트, 그의 호화로운 저택, 빌딩, 파티 같은 것들뿐이었기 때문이다. 불안하게 흔들리는 자신의 자아를 붙들기 위해 토니는 자아를 끝없이 확장하는 쪽으로 선택할 수밖에 없었다. 더 많은 나, 더 화려하고 더 강력한 나가 되기 위해서 말이다. 하지만 아무리 수트를 만들어 내도, 아무리 수많은 아이언맨들이 동에 번쩍 서에 번쩍 세계 곳곳을 누벼도 토니 스타크 본인은 점차 공허해지고 혼란스러워진다. 어떤 게 나인지, 어떤 게 나다운 것인지를 잃고 공황에 빠져 버린다.

2

하인즈 코헛Heinz Kohut이라는 정신과 의사는 자기대상에 대해서 이야기한 바 있다. 자기대상이란 간단하게 표현하면 '자기self'를 이루는 '대상object'이라는 개념이다. 대상object이란 기본적으로 자기self 바깥에 있는 객체에 해당된다. 그러니까 내 바깥에 있는 어떤 객관적인 것, 내가 아닌 것만이 '대상Object'이 될 수 있다는 것이다. 그런데 자기대상Self object이라 이야기함은 역설적으로 그 바깥에 있는 대상object이 나self를 이루고 있다는 말이기도 하다. '나'를 이루는 '내가 아닌 것'들이다.

　　사실 우리 모두는 '나'라고 일컫는 자기감이 순수한 나의 내적 자원들로만 이루어진 것은 아니라는 걸 잘 알고 있다. 이를테면 나의 바깥에 있는 나의 자동차, 나의 집, 나의 옷, 나의 재산 같은 것들은 분명 내가 아닌 외부의 객체들이지만 얼마간 나의 자기감을 이루고 있다. 나는 나의 정체감에 대해 생각할 때에 나의 차, 집, 옷, 재산, 지위 같은 것들을 포함시키고 있다. 나를 이루는 객체, 즉 자기대상Self Object들을 가지고 있는 것이다. 더 좋은 차, 더 큰 집은 분명 나의 자존감을 어느 정도 높여 준다. 나를 자신만만하게 해준다. 많은 재산과 높은 지위는 내가 정말로 여유롭고 훌륭한 사람이라는 자기감을 만들어 준다. 솔직히 말해 우리 누구도 자기대상이 없이는 살 수 없다. 자신을 설명해 주는 외적 요인이 단 하나도 없이 온전하게 자기 자신의 내적 존재감만으로 사회를 살아갈 수 있는 사람은 없다. 우리는 모두 얼마간씩 나의 바깥에 있는 자기대상들에 자아를 의존하며 살아간다.

그러나 문제는 자기대상의 두 가지 특성에서 발생한다. 첫째로는 그 자기대상이란 것이 너무 쉽게 취약해진다는 것이고, 둘째로는 자기대상이 그럼에도 너무나 유혹적이라는 것이다. 이 두 가지 특성은 때때로 서로가 서로를 되먹이며 자기대상을 점점 걷잡을 수 없이 확장시킨다.

본질적으로 자기대상은 취약할 수밖에 없다. 나의 바깥에 있는 것이기 때문이다. 내가 온전히 통제하고 수용할 수 없는 것들이기 때문이다. 그렇기 때문에 자기대상은 쉽게 흔들린다. 내가 아무리 좋은 차를 탄다 할지라도 얼마든지 더 좋은 차를 타는 사람이 있을 수밖에 없다. 내가 아무리 비싼 차를 타도 시간이 지나면 언제나 더 멋지고 비싼 차가 나오게 마련이다. 자기대상은 본질적으로 끝없이 부식된다.

그럼에도 불구하고 자기대상은 너무나 유혹적이다. 나의 가치관, 나의 인품, 자아로서의 존재감, 스스로를 향한 존중, 단단한 자기 확신과 같은 나의 내면적 가치들은 손에 잡히질 않는다. 눈에 보이지 않는다. 누구에게 내 마음을 열어서 보여줄 수가 없다. 나의 SNS 계정에 내적 자존감을 사진 찍어 올릴 수는 없다. 나의 내면을 통해 나의 가치를 확인하기란 너무나 어렵고 심오하다. 그에 비해 으리으리하고 호화로운 초고층 대리석 아파트는 강렬하다. 미끈한 외제차와 번쩍이는 명품 시계는 가격과 등급까지 명확하다. 나의 직업, 지위, 학위, 연봉은 엑셀로 일목요연하게 정리가 될 만큼 분명하다. 분명하기 때문에 너무나 쉽다. 또한 그것들을 흘끔거리는 사람들의 시선과 칭찬은 더욱 짜릿하다. 자기대상은 짜릿하고 분명하게 나를 설명해 준다.

그렇기 때문에 자존감이 취약한 사람들은 종종, 제대로 된 자아를 확립하기보다는 자기대상들에 그것을 아예 맡겨 버리는 길을 선택하곤 한다. 자기대상이 근본적으로 '나'가 될 수 없는 외적 존재라는 것을 알면서도 그 짜릿한 유혹에 몸을 던져 버리게 되는 것이다. 코헛은 그런 사람들을 자기애적Narcissistic이라고 이야기하였다. 즉, 자기애적인 사람들은 자존감의 근거가 자기의 바깥에 있는 사람들인 것이다.

그러나 이야기하였듯 자기대상은 쉽사리 부식된다. 위풍당당하던 자기대상들은 어느 순식간에 바스라져 버린다. 그리고 자기대상이 무너지는 그 찰나, 한없이 유약한 내면의 자아가 드러나며 공허에 휩싸이고 만다. 비싼 명품백과 코트를 걸치고 백화점 명품관을 또각또각 거니는 백조 같은 몸놀림의 순간들 사이에서도, 최고급 스포츠카를 타고 클럽에서 미녀들과 비싼 샴페인을 들이붓는 불야행의 순간들 사이에서도 블랙홀 같은 공허함이 불현듯 찾아온다. 먹먹하게 혼란스럽고 공허해진다. 그 공허의 늪에서 벗어날 수 있는 방법은 유일하다. 다시 새로운 자기대상을 찾아 그 공허한 자아의 틈을 메꾸어 보는 것이다. 더 멋진 모습, 더 많은 관심, 더 유혹적이고 더 짜릿한 것들로 말이다. 자기대상의 취약성과 유혹성은 그렇게 서로를 되먹이며 자아를 집어삼킨다. 자기대상이 부식되며 깎여 나간 나의 마음을 새로운 자기대상으로 채워 넣는 무한 순환 속에 빠져 버린다. '나'는 나이고자 하지만 결코 내가 될 수 없는 것들에 파묻혀 서서히 사라진다.

내가 될 수 없는 것들이 내가 되다

1

영화 〈어벤져스〉에서 토니스타크는 아이언맨 수트를 입고도 적에게 처참히 패배하며 동료들을 모두 잃는 환상을 본다. 그 환상 속에서 취약해진 토니의 자기대상-아이언맨이라는 자기대상은 처참히 좌절당한다. 그리고 그때 아이언맨과 함께 토니 스타크라는 본인의 자아도 함께 무너져 내리고 만다. 토니 스타크의 '나', '자아'에는 아이언맨 수트의 강력함과 영웅이라는 우월감 그 외에는 아무것도 없었기 때문이다. 아이언맨의 패배는 곧 자기 자신, 인생의 패배였다. 그 좌절 속에서 그가 선택했던 방법은 더 많은 수트, 더 강력한 수트였다. 더 많은 자기대상들을 만들어 내는 것이었다. 강력한 수트를 입고 영웅으로 추앙받는 경험, 화려한 저택에서 미녀들의 환호 속에 파묻히는 경험, 강력한 자기대상이 자신의 내면을 든든하게 뒷받침 해주는 경험은 너무나 유혹적이고 명확하기 때문이다. 자신의 무너진 내면을 일으켜 세울 더욱 강력하고 멋진 자기대상을 마련해야만 했다. 하지만 본질적으로 아이언맨 수트 역시 그의 바깥에 있는 것, '대상'일 따름이다. 토니 스타크가 겪은 혼란의 핵심은 바로 여기에 있다. 그렇게 '나'를 지켜 내기 위해, '나'를 더욱 키우기 위해 '대상'에 집착하게 되는 것이다. 그러면서 '나'와 '내가 아닌 것'의 경계가 흐려진다.

'자아'라는 단어의 사전적 의미는 '자기 자신에 대한 의식이나 관념'이라고 정의된다. 내가 생각하는 나가 바로 자아라고 이야기할 수 있다. 그리고 이 '나에 대한 생각'이란 것은 근본적으로 '나'와 '내가 아닌 것'을 구분하면서 발생하기 시작한다. 내 오른발과 저 오른발. 내 머리와 저 머리. 내 마음과 다른 사람의 마음. 이런 것들처럼 나와 내가 아닌 것을 구분할 때에 우리의 정체성이 자리 잡기 시작하는 것이다. 외부와 경계를 짓고 나의 형태와 범위를 어림잡을 수 있게 된다. '나다운 것'을 안다는 것, '나'라는 자존감, 정체감을 획득한다는 것은 바로 '내가 아닌 것'을 구분해 낼 수 있다는 뜻이기도 하다.

그러나 자기대상에만 매달리는 자아는 그 구분이 점점 어려워질 수밖에 없다.

자기대상들은 '나이고자' 가져와서 마치 '나인 것처럼' 붙여 놓은 멋들어진 조각이지만 결국은 나의 바깥에 있는 대상Object들일 뿐이다. 대상Object은 '내가 아닌 것들'이다. 때문에 대상들로만 이루어진 자아는 뭐가 나인지, 뭐가 내가 아닌지를 구분하기 어려울 수밖에 없다. 진짜 '나'와 나인 척하는 '내가 아닌 것들'이 너무나 혼란스럽게 뒤섞여 있기 때문이다. 심지어 그 대상들이 수시로 무너져서 새로 채워 넣고, 부식되고, 다시 새로 채워 넣기를 반복하고 있다면 더욱 그러할 수밖에 없다.

에릭슨이 이야기하였듯, 자아는 스스로의 경계를 분명히 구분 짓고, 그 구분을 통해 진정한 정체감을 획득하고자 하는 '자기통합'을 향해 달려간다. 그러나 그 원대한 목표 속에서 자기대상들 사이만을 헤매다 보면 자아는 결국 정처 없는 '절망'에 빠져 버린다. 자아의 경계선은 너덜너덜하게 끊어져 버리고, 그저 수없는 자기대상들만이 텅 빈 마음 위를 버려진 부표처럼 떠다니게 된다.

〈아이언맨 3〉에서 토니는 수십 대의 아이언맨 수트를 총동원하여 악당과 싸우지만 결국 본인이 입고 있던 수트마저 잃고 수세에 몰리게 된다. 맨몸으로 무기력하게 쓰러진 아이언맨에게 악당이 최후의 일격을 날리기 직전, 그를 구해 낸 것은 다름 아닌 연인 페퍼 포츠였다. 그녀는 악당으로부터 그를 구해 내고 나서, 갑자기 기기 오작동으로 자신을 공격하는 아이언맨의 수트마저 바닥에 떨어진 다른 수트의 팔을 이용해 막아 냈다. 바로 아이언맨의 트레이드마크였던 손바닥 리펄서 빔을 직접 발사하면서 말이다.

페퍼 포츠가 아이언맨 수트의 부러진 팔을 장착하고 불을 뿜을 때, 한없이 흔들리던 토니의 자아는 비로소 명료해졌다. 그제서야 그는 무엇이 나 자신인지, 내가 지켜야 할 것이 무엇인지를 바라볼 수 있게 되었다. 내가 사랑한다는 감정이 무엇인지, 또 내가 누군가로부터 지켜지고 사랑받는다는 감정이 무엇인지가 또렷하게 구분 지어진 것이다. 그리고 그것은 분명화려한 자기대상들 속에 감춰진 유약한 내면의 토니에게 페퍼 포츠가 다가갈 수 있었기 때문일 것이다. 전투가 끝난 후 토니는 수십 대의 아이언맨 수트들 전부를 스스로 폭파시켜 버린다. 토니에게는 자신의 자아 그 자체나 다름없었던 자기대상들을 마치 불꽃놀이하듯 폭파시킨다. 페퍼 포츠가 발사하는 리펄서 빔을 바라보며 토니는 드디어 자기대상들에만 매달려 있던 자신의 자아를 해방시킬 수 있었다.

아이언맨 수트의 팔이 페퍼 포츠의 팔에 쾅하고 끼워질 때에 극적으로 충돌한 것은 단순히 팔과 팔뿐만은 아니었을 것이다. 토니가 자신의 난장판 같은 마음속을 명확히 구분 지을 경계를 발견했던 바로 그 순간, 정말로 맞닿은 것은 바로 그와 그녀의 마음이었다. 아이언맨이 아닌 토니 스타크의 마음, 그리고 그가 사랑하는 여자 페퍼 포츠의 마음 사이의 맞닿음이었다.

사실 그전까지 토니 주변에서 들끓던 수많은 사람들, 수많은 미녀들과의 만남은 마음과 마음, 사람과 사람의 만남이기보다는 대상과 대상의 만남일 뿐이었다. 파티에서 수많은 사람들이 그의 곁을 오고 갔지만 그들에게도, 그리고 토니 스스로에게도 서로가 서로의 자기대상이 되어 줄 뿐이었다. 나의 우월감을 만족시켜 주는 대상. 나의 자존감을 채워 주는 대상. 그저 서로가 서로의 자기대상이었을 뿐이다. 그런 수많은 대상들 속에서 토니는 사실상 언제나 홀로였다. 고독하고 혼란스러웠다. 아무리 새롭고 더 많은 자기대상들을 끌어모아도 공허했다. 그러나 자신뿐인 우주에 갇혀 있던 토니가 처음으로 자기 밖의 우주, 다른 사람의 자아와 진정으로 맞닿았던 그 순간, 그는 비로소 자기 안의 경계를 확인할 수 있었다. 그는 그 만남에서 자기대상들과 진정한 '나' 사이를 명확히 구분할 수 있게 되었다. 아이언맨의 수트라는 자기대상. 수많은 미녀들과 화려한 저택이라는 자기대상. 히어로를 우러러보는 사람들의 시선이라는 자기대상들로부터 벗어나 온전한 '나'를 찾아낼 수 있었다.

인플레이션 우주에서 팽창하는 두 거품우주는 충돌하며 서로의 온도에 흔적을 남긴다. 충돌의 흔적에서 각자의 경계를 확인한다. 스스로는 도저히 닿을 수 없었던 우리 우주의 경계와 다른 우주의 존재가, 그 충돌의 찰나에 드러난다. 우리의 자아가 그 불안정한 경계를 확인하는 순간 역시 마찬가지로 다른 사람과 조우하는 바로 그 순간이다. 토니 스타크의 자아가 연인과의 진심 어린 관계로 더욱 단단해졌듯, 우리는 타인과의 관계로 자아를 찾는다. 다른 누군가가 나의 외적인 지표들이 아니라 오롯한 '나'를 바라봐 주는 경험. 내 곁의 누군가가 그저 나의 자존감을 채워 주는 자기대상으로서가 아니라, 하나의 우주로서 나에게 다가오는 경험. 대상과 대상이 아닌, 마음과 마음이 만나는 경험. 그런 흔하지만 기적처럼 거대한 경험에서 우리는 진정한 나를 발견하게 된다. '너'를 통해 '나'를 깨닫게 된다.

자기대상적 인간관계

　이런 혼란과 깨달음은 아이언맨처럼 잘나가는 슈퍼히어로 같은 사람들에만 해당되는 것이 아니다. 일상을 살아가는 모든 이들에게도 마찬가지일 수밖에 없다. 심지어는 아이들에게도 말이다.

　언젠가 텔레비전에서 암산 영재라는 아이가 소개된 프로그램을 본 적이 있다. 5살 남짓 되었던 그 아이는 어른들도 하기 힘든 암산을 척척 해냈다. 덧셈, 뺄셈은 기본이고 곱셈과 나눗셈이 복잡하게 뒤섞인 계산식을 귀로만 듣고 술술 답을 뱉어 냈다. 멜론 통만 한 작은 머리에서 어떻게 그 복잡한 계산이 착착 돌아가는지, 조막만 한 손가락을 접어 가며 구슬 같은 눈알을 굴려 가며 어려운 암산에 정답을 맞추는 아이의 모습이 실로 놀라웠다. 카메라를 들이 댄 제작진에게도 또 문제를 내보라며 의 기양양한 표정을 짓는 아이의 눈빛이 어딘가 모르게 흔들리고 있긴 했지만 말이다. 아이는 제작진이며 부모며 할 것 없이 또 문제를 내보라고, 더 어려운 문제를 내보라고 채근했다.

카메라는 그 뒤로도 아이의 일상을 하루하루 좀 더 자세히 지켜보았다. 그리고 그 일상들 속에서 아이 가정의 문제점들이 하나씩 드러나기 시작했다. 아이의 부모는 암산 영재인 아이를 진짜 천재로 키우기 위해 온갖 노력을 다 하고 있었다. 아이를 밤낮으로 영재 교육원과 기억법 학원, 수학 학원에 뺑뺑이처럼 돌리면서, 그 사이 부모는 방송과 인터넷에 매일 같이 아이의 영상을 보이고 있었다. 그 신박한 암산 능력을 자랑하고 있었다. 우리 아이의 이런 놀라운 모습을, 진짜 천재가 될 우리 아이의 모습을 자랑하려 들떠 있었다. 그런 부모의 욕심에 맞추어 아이를 더 훌륭한, 더 정교한 암산 천재로 만들기 위해 사실상 그 부모는 아이를 혹사시키고 있다 해도 과언이 아니었다. 아이가 부모와 대화할 수 있는 유일한 시간은 기억력과 계산력을 훈련하는 시간뿐이었다.

결국 제작진은 아이의 정신건강이 우려되어 소아정신건강의학과에 아이를 데려갔다. 그 정신과 선생님은 아이와 단둘이 진료실에 남았다. 아이는 역시 그 선생님에게도 자신에게 계산 문제를 내보라며 재촉했다. 자신이 얼마나 암산에 유능한지, 얼마나 빨리 계산할 수 있는지를 자랑하며 문제를 내보라고 졸랐다. 그런 아이를 지그시 바라보기만 하는 선생님 앞에서 아이는 왠지 점점 더 불안해하기 시작했다. 어딘지 조급해진 아이는 급기야 선생님이 내지도 않은 계산 문제를 직접 만들어 풀면서 숫자들을 중얼거렸다. 그런 아이를 그저 바라보기만 하던 선생님은 아이에게 첫 물음을 떼었다.

"선생님은 그런 것보다 우리 OO이 기분이 어떤지가 궁금한걸?"

그러자 아이는 갑자기 그 구슬 같은 눈을 그렁그렁하며 더욱 안절부절못했다. 더욱 불안한 눈빛으로 선생님을 쳐다보기 시작했다. 그런 아이에게 선생님은 말없이 따뜻하게 아이를 무릎에 앉혀 주었고, 아이는 그대로 1시간을 목 놓아 울기만 했다. 아무 말도 없이, 그저 선생님 무릎에 앉아 고개를 파묻고 엉엉 울기만 했다.

자존감의 근거가 바깥에 있는 이들에게는 다른 이들과의 관계까지도 전부 자기대상으로 변한다. 시시때때로 무너지는 나의 자아를 바로잡기 위해 새로운 자기대상을 찾아 헤매는 사람들에게는 진실된 관계를 위한 여유가 없기 때문이다. 자기 자신의 자아를 바라볼 여유도 없는데 다른 누군가를 오롯한 인격으로 참된 존중을 담아 바라볼 여유가 없다. 무너지지 않는 것에 급급하다. 부식되는 자존감을 땜질하기 위한 새로운 자기대상을 찾는 것에만 익숙해져 있다. 그러다 보니 주변의 관계에서도 다른 사람을 각각의 인격체로 받아들이지 못하고 그저 자기대상으로 삼아 버리는 것이다. 표면적인 인간관계에 그칠 수밖에 없다. 어떤 의미에서는 그야말로 도구적 인간관계가 되어 버리고 만다. 주변 사람이 그저 자신의 자존감을 채우기 위한 도구로 이용되는 것이다. 나를 칭찬하고 추켜올려 주는 존재, 나를 놀라워하는 존재. 나의 자기감을 실현시켜 줄 존재로서 대상화된다.

아마 암산의 영재라며 소개되었던 그 아이의 경우에서도 마찬가지였을 것이다. 아이에게는 친구들도, 어른들도 모두 아이 스스로 자신을 확인하기 위해 활용하는 도구에 지나지 않았다. 주변 모두가 자신의 암산 실력을 보고 감탄해 주는 대상에 지나지 않았다. 끊임없이 계산 문제를 내보라며, 내가 얼마나 암산을 잘하는지 보라며 자랑을 하면서 곁의 사람들을 자기대상으로 활용하려 안간힘을 쓰고 있었다. 아이는 그렇지 않고서는 말 그대로 존재할 수가 없다는 듯 불안해하고 있었다.

그런데 좀 더 자세히 보면 아이 스스로부터가 이미 부모의 자기대상으로 살아가고 있었던 것을 발견할 수 있다. 아이는 부모에게 '우리 아들이 영재다'라는 우월감을 채워 줄 수 있는 도구 그 이상으로는 취급받지 못하고 있었다. 그런 우월감

뿐만 아니라, 아이가 다른 사람들에게 받는 관심을 통해 자신들의 관심 욕구를 대신 채우고 있었다. 자신들의 부족한 자존감을 대신 충족시키고 있었다. 부모는 아들이 영재로 칭송받을 때에만 아이를 예뻐해 주고 있었다. 더 엄청난 천재가 되기 위해 훈련하고 연습할 때에만 아이에게 관심을 주었다. 오직 어떻게 하면 더 대단해질 수 있을까 하는 방법에만 관심을 기울였다. 물론 부모 각자로서는 자신들이 누구보다 아이를 사랑하고, 아이가 더 훌륭한 사람이 되기 위해 자신들이 헌신하고 있다고 느끼고 있었을 수 있다. 그러나 분명 그 부모는 자신들의 존재감을 만끽하기 위해 아이를 이용하고 있었다. 적어도 아이의 영재성 면에서는 말이다. 아이가 더 어려운 수식을 계산해 낼수록, 더 큰 환호를 들을수록 충만해지는 것은 오히려 그 부모였다. 정작 아이는 어딘지 점점 더 불안해져만 갔다. 아이는 분명 부모의 자기대상에 다름 아니었다.

누군가에게 한 인격체로서 존중받지 못하고 그저 그 사람의 자존감을 위한 대상으로만 여겨진다는 경험은 그다지 유쾌할 수 없다. 누군가의 자기대상이 된다는 것은 나도 마음이 있는 인격체란 사실을 무시당하고 더 나아가서는 부정당하는 것이기 때문이다. 쉽게 말해 사람 취급을 받지 못하는 경험인 셈이다. 그런 경험은 분명 나의 자존감에 스크래치를 내고 상처가 된다. 더욱이 그 상대가 나의 부모라면, 또 내가 아직 자아를 만들어 가고 있는 중인 어린아이라면 그런 경험은 단순한 스크래치나 상처에서 끝날 수 없다.

조건부가 되어 버린 '나'

　아이는 부모를 통해 자기감을 만들어 간다. 내가 가치 있는 존재라는 느낌. 내가 누군가에게 사랑받을 수 있다는 느낌. 내가 충분히 괜찮다는 느낌. 그러한 느낌들, 즉 자기감을 얻는다. 부모가 자신을 안아 주고, 예뻐해 주고, 사랑한다고 말해 줄 때 아이들은 '아, 내가 사랑받을 만한 사람인가 보구나' 하는 막연한 느낌을 받게 된다. 그리고 그러한 느낌은 시간이 지나고 아이가 자라나며 계속 반복되고 누적된다. 심지어 아이가 잘못을 한 순간에도, 아이가 부모를 슬프고 화나게 하는 순간에도, 아이가 형편없이 망가진 순간에도 부모는 아이를 감싸 주고 안아 준다. 사랑한다고 말해 준다. 그 어떤 순간에도 항상 사랑받는 느낌을 받을 수 있었던 그런 신기한 순간들이 수없이 지나가면서 아이는 자기가 느꼈던 그런 느낌을 '믿음'으로 다시 되새기게 된다. '나는 사랑받을 가치가 있는 존재'라는 느낌이 아니라 '믿음'이 아이의 마음속 아주 깊은 곳에 굳어진다. 내가 가진 것이 아무것도 없어도, 아무리 못났어도, '나는 누군가에게 사랑받을 수 있다', '나는 그래도 존재할 가치가 있다'라는 믿음이 자리 잡게 된다. 그리고 그것은 아이가 평생을 가지고 갈 귀중한 내적 자산이 된다. 앞서 자기대상과 자아를 설명할 때 이야기했던 뭔가 어려운, 뭔가 눈에 보이지 않고 애매한, 그렇지만 중요하다고 하는 그런 내적 자산 말이다. 무엇보다 값진 그런 자산은 마음속 깊은 곳의 본질적인 존재감, 자존감, 정체감 같은 것들을 만들어 내는 가장 핵심적인 원동력이 된다. 그런 내적 가치들을 무기로 아이는 다른 사람들의 마음과 만날 수 있는 존재가 될 수 있다.

그러나 부모의 사랑이 그렇게 무조건적이고 충분하지 않을 때에 아이는 혼란에 빠진다. 아이에게 부모의 사랑은 '내가 존재할 가치'를 만들어 내는 자양분일진대, 그것이 때에 따라 달라진다면 아이는 존재의 가치를 찾는데 혼란을 느낄 수밖에 없다. 아이 스스로가 느끼는 '나'라는 개념, 즉 아이의 '자아'가 자라나는 데에 크나큰 혼란이 발생한다.

그리고 만약 그 무조건적이지 못한 부모의 사랑이 아이에게 명백한 조건부라고 느껴진다면, 그 혼란스러운 자아 역시 점차 조건부로 자라난다.

암산 영재라고 하는 그 아이는 부모에게 사랑받을 수 있는 유일한 순간이 어려운 숫자를 척척 계산해 낼 때뿐이었다. 부모에게 자식으로서 인정받고 관심받을 수 있는 유일한 순간은 암산 능력을 자랑하거나 암산훈련을 하는 시간뿐이었다. 부모의 사랑은 그 아이에게 조건부였다. 부모의 사랑은 그 아이의 있는 그대로인 존재 자체에 있지 않았다. 그보다는 아이가 보여 주는 놀라운 암산 능력에 있었다. 아이는 암산을 할 때에만 부모에게 가치 있는 존재였다.

어쩌면 그 부모에게는 아이에게 무조건적인 사랑을 퍼부어 줄 수 있을 만한 자신들 마음의 여유가 없었을 수 있다. 왜냐하면 사실 그 아이의 부모부터가 이미 자기대상에 목말라하고 있었기 때문이다. 무조건적인 사랑을 베풀기보다는 아이의 영재성이 채워 주는 자신들의 우월감을 취하기에 급급했을 수 있다. 내 아이의 영재성, 내 아이가 받는 관심이라는 자기대상에서 오는 우월감 말이다.

결국 아이로서는 자기 가치의 근거를 자신의 놀라운 계산 능력 외에서는 찾을 수가 없었다. 자신이 엄마 아빠의 아들이라는 존재 하나만으로는 부족하다고 느낄 수밖에 없었다. 암산 능력을 보고 놀라워하는 다른 사람들, 또 그걸 보고 부모가 칭찬해 줄 수 있는 순간들을 쉬지 않고 찾아야만 아이는 스스로 가치를 느낄 수 있었다. 이것은 5살 남짓 어린아이에게 단순히 자신이 가치 있다라고 느끼는가의 문제 정도라고 이야기할 수 없다. 아이에게 이것은 말 그대로 '존재'의 문제이다. 그것은 아이에게 분명 존재의 문제였고, '나'라는 정체감의 문제였다. 그것이 아니고서는 아이는 존재할 수 없었던 것이다.

이것은 비단 TV 프로그램에 나왔던 그 영재 아이의 문제만이 아니다. 아이가 부모의 자기대상이 되는 경우는 너무나 흔하다. 비록 아이의 어린 시절이 통째로 그러하지는 않을지라도 말이다. 모든 아이들이 매 순간 조건 없이 사랑받는다는 느낌을 받으며 자라날 수는 없다. 부모들 역시 조금씩은 자아가 불안정하다. 그래서 때로는 나의 아이가 주는 자기대상이 필요한 순간이 있을 수밖에 없다. 자신들이 이루지 못한 무언가를 자식을 통해 대신 성취하여 자신들의 자존감을 채우고자 할 수 있다. 자신들이 관심받고 싶고 인정받고 싶은 욕구를 자식을 통해 얻고자 하는 마음이 들 수도 있다. 또 욕심처럼 안 되는 우리 아이가 실망스러운 순간이 있을 수도 있다. 아이가 실망스러워 부모 자신이 수치스러워지는 순간이 있을 수 있다. 그런 순간들마다 아이는 부모에게 존재 자체로 세상에서 가장 소중한 '내 아이'가 아닌 그저 부모를 위한 '자기대상'이 된다. 아이가 대상(Object)이 되는 것이다. 그렇게 아이에게도 마음이 있다는 사실은 때때로 부모에게 무시당하고 부정당한다.

부정당한 아이의 마음은 자라날 수 없다. 자아의 중심으로 자리 잡을 수 없다. 엄마에게 사랑받고자 하는 마음, 그래서 정말 내가 사랑받을 만하다는 믿음이 필요한 그 내면의 마음이 자아의 중심으로 자리 잡지 못한다. 대신 부모가 사랑해 줬던 자기대상들만이 아이의 자아 자리를 꿰차게 된다. 아이 스스로가 부모의 자기대상으로 기능하면서, 본인 스스로의 자아 또한 자기대상들로 채워 넣게 된다. 아이를 보고 감탄하는 시선들. 부러워하는 시선들. 칭찬하는 시선들. 그 버거운 시선들이 아이의 마음속 경계를 뚫고 들어와 자아로 자리 잡게 된다. 일단 당장 사랑받아야 하는 아이에게는 무엇이 진짜 '나'인지 구분해 낼만한 경계를 찾을 여유가 없다. 사랑받기 위해, 그래서 존재하기 위해 끊임없이 외부에서 새로운 시선들을 끌어와야만 한다. 외부에서 끌어온 그 시선들로 항상 스스로의 자아를 덕지덕지 기워 가야만 한다. 그러면서 아이에게 '나'라는 존재의 경계는 넝마처럼 숭숭 구멍이 뚫려 버린다.

내가 나의 마음을 읽는 방법

1

이야기하였듯 세상에 태어나 처음으로 '나'라는 존재의 의
미를 찾아가는 어린아이에게는 누군가 그 의미를 확인해 줄 수
있는 어른의 존재가 필수적이다. 아이 혼자서는 그 자아를 충
분히 다 만들어 갈 수 없다. 아이가 혼란스러워할 때마다 아이
내면의 가치를 안정적으로 확인시켜 주는 성숙한 어른이 필요
하다. 부모의 역할이란 바로 그런 것이다. 아이가 충분한 내적
자존감을 확립할 수 있도록 무조건적이고 안정적인 사랑과 보
호를 제공해 주는 것 말이다. 그러나 불안정한 부모는 아이의
그런 혼란을 충분히 품어 줄 수가 없다. 부모가 아이를 충분히
수용해 주지 못하는 순간들만큼 아이는 그 혼란을 자아에 그대

로 품은 채 자라나게 된다.

그러면 우리가 지금 이렇게 힘들어하고 있는 이유 역시 우리 부모가 어린 시절 우리를 충분히 수용해 주지 못했기 때문은 아닐까. 꼭 암산 영재였던 그 아이와 똑같은 상황은 아니었다 하더라도 말이다. 그런 비슷했던 순간들은 분명 누구나 가지고 있다. 부모는 때때로 아이에게 실망하고 한심스러운 눈길을 주기도 한다. 다른 집 아이들과 비교하기도 한다. 가끔은 아이를 귀찮아하고, 버거워하기도 한다. 특히나 부모가 자기 자신들의 불안정함에 휩싸여 있을 때가 많다면, 더더욱 그렇게 행동하게 될 수밖에 없다. 그럴 때마다 아이들은, 내가 있는 그대로 사랑받지 못한다는 느낌, 엄마 아빠가 나를 사랑하지 않을지도 모른다는 무서운 느낌 같은 것들에 압도되기도 한다. 우리 모두 어린 시절 그런 순간들을 거쳐 오며 불안함을 학습해 왔다. 그런 순간들 속에서 우리의 부모가 자기들의 불안정함을 우리에게 물려주었을 수 있다. 그러면 우리가 지금 이렇게 불안하고 힘든 이유 역시 바로 그것 때문은 아닐까 하는 의문이 든다. 정말로 그런 것일까. 이게 다 나를 있는 그대로 사랑해 주지 못한 부모님 탓일까.

그 누구도 충분히 준비된 채로 부모가 되지는 못한다. 누구나 조금씩은 불완전하게 자라나서 불안정한 상태로 덜컥 부모가 된다. 아직 나라는 존재조차도 지탱해 내기가 버거운데 새로운 생명의 존재를 지탱해 줘야 하는 부담을 짊어지게 된다. 아이가 완전하게 성장하기 위해서는 부모 또한 완전하게 양육해야 하지만 세상에 어떤 부모도 결코 완전할 수 없다. 준비되지 못한 상태로 무책임하게 아이를 갖는 것이 아이에게 못할 짓이라지만, 제아무리 열심히 준비하고 대비한다고 하여도 그게 완전할 수는 없다. 우리는 모두 부모에게서 불안정함을 배우며 자라났고, 또 마찬가지로 우리 모두 자식들에게 그 불안정함을 가르친다. 우리 모두가 조금씩은 혼란스럽기 때문이며, 또 우리 모두가 조금씩은 혼란스러운 근본적인 이유이다.

따라서 취약한 자아의 경계 안쪽 깊은 곳에 숨어 있는 우리의 유약한 내면이 전부 부모 탓이라고만 비난하는 것은 다소 무리가 있다. 뿐더러 소득도 없다. 이미 가장 중요한 어린 시절 그렇게 힘든 시간을 가까스로 지나 보냈는데 그걸 꺼내어 지금의 부모를 비난해 본다 한들 무슨 의미가 있겠는가. 나와 오랜 시간 면담을 했던 어떤 환자는 이렇게 이야기했었다.

"그래요. 우리 엄마는 맨날 바깥에 나가 친구들이랑 술 마시고 놀기에만 바빴어요. 나랑 내 동생은 안중에도 없었고요. 유일하게 칭찬받을 수 있는 시간은 100점짜리 성적표를 받아올 때뿐이었죠. 그래야 동네 아줌마들한테 자랑할 수 있었으니까요. '우리 OO이가 공부를 이렇게 잘한다'라고요. 나도 다

알아요. 그래서 엄마 때문에 지금 내가 이렇게 된 거 나도 안
다고요. 그래서요? 그래서 어떡하라는 거예요. 선생님은 왜
자꾸 그때 힘든 일만 이야기하라는 거예요. 이미 지나가 버
린 일인데. 저도 거기서 벗어나려고 나름대로 노력하고 있다
고요. 잊으려고 하고 있다고요. 이제 와서 엄마 때문에 그랬
다고 할 수도 없잖아요. 이미 엄마는 진작에 돌아가시고 없는
데! 왜 자꾸 다시 그걸 끄집어내려는 거예요!"

20대 중반이었던 그 환자는 고등학생 때까지 늘 우등생이
었고 서울의 꽤 괜찮은 대학교를 들어가서 이제 곧 졸업을 앞
두고 있었다. 마지막 학기에 취업을 함께 준비하면서 대기업
여러 곳에 지원서를 제출하고 있었다. 그는 꼭 좋은 자리에 취
직을 해야만 한다는 압박감을 과도할 정도로 심하게 느끼고 있
었다. 하루에도 수십 번씩 죽을 것 같은 불안감에 전전긍긍하
였고 매일 밤 술을 찾았다. 스트레스에 몸무게가 쭉쭉 빠졌다.
그리고 서류를 제출했던 한 회사의 1차 발표 전날, 그는 결국
자살을 기도했다. 준비해 둔 알약 백여 개를 양주 반병과 함께
그대로 삼켜 버린 것이다. 그러나 다행히 큰 탈은 없었고 그날
방문했던 응급실에서 나와의 진료를 첫 만남으로 면담을 시작
했었다.

면담을 진행하면서 알게 되었지만 그는 자살을 기도하기

훨씬 이전부터 그런 압박과 불안에 시달리며 자해를 하고 있었다. 고등학교 때 시험 성적이 나오기 전날 불안감을 이기지 못해 시작했던 자해는 대학생 때까지 이어졌다. 시험 성적이 나쁘게 나올까 봐 불안할 때면 아주 살짝이라도 손목을 그어 피를 보아야만 그 불안을 가라앉힐 수 있다고 했다. 나는 그가 왜 그렇게까지 심하게 성적에 집착하는지, 언제부터 시험결과를 그렇게 두려워했는지 생각해 볼 필요가 있다고 제안했다. 그러자 그는 왜 그랬는지 자기는 아주 잘 알고 있다고 흥분하며 이야기했다. 엄마가 어릴 때 얼마나 자신에게 무관심했었는지, 자신이 좋은 성적을 받아 올 때에만 사람들 앞에서 칭찬해 주던 엄마가 얼마나 가식적이었는지 격앙된 목소리로 울분을 토했다. 엄마 때문에, 엄마가 나를 그렇게 키워서 내가 이렇게 된 것이라고 말이다. 때로는 내가 그 이야기를 자꾸 꺼내게 한다며 되레 나에게 그 분노를 쏟아 내기도 했다.

그러나 그는 정작 자기 자신에 대해서는 이야기하기 서툴러 했다. 얼마나 두렵고 외로운지, 왜 이렇게 공허한지 표현하기 힘들어 했다. 그는 모든 일이 엄마 탓이라며 욕을 하거나, 과거로부터 도망치고 외면하려 애쓸 뿐이었다. 하지만 점점 면담이 반복되고, 매번 지금의 취직 불안이 어린 시절의 불안으로 이어지는 과정을 보며 그는 천천히 이야기할 수 있게 되었다. 어린 남동생과 단둘이 집에 남겨져 있을 때 얼마나 외로웠었는지, 공부할 때가 아니면 눈길조차 받지 못하던 그때가 얼마나 두려웠었는지, 학교에서 1등 해서 엄마에게 칭찬받던 그때가 얼마나 기쁘고 또 한편으로 불안했었는지 말이다. 좋은 성적을 받아 오지 못하면 자기가 살고 있는 의미가 없어지는 것 같았다고 고백하기 시작했다. 그러던 어느 날 그는 눈물을 뚝뚝 흘리며 내게 물어왔다.

> "제가… 제가 만약 졸업도 못 하고 취직도 못 한다면… 그래서 막 패배자처럼 살게 된다면… 그래도 저를 좋아해 주는 사람이 있을까요? 그래도 제가 살 가치가 있는 걸까요? 저는 그게 너무 무서워요, 선생님… 너무 외로워요."

TV 프로그램에 나온 5살 암산 영재라는 아이는 '내가 기가 막히게 계산을 해내지 못하면 우리 엄마 아빠가 나를 사랑하지 않을지 모른다'는 불안에 떤다. 나와 면담했던 그 환자의 어린 시절 모습 역시 마찬가지였을 것이다. 공부를 잘하지 못하면 내가 사랑받을 수 없는 존재가 될 거라는 불안에 떨었다. 그 불안은 거대하다. 어린아이에게 부모한테 사랑받지 못한다는 것은 그야말로 세상에 나 홀로 버려지는 거대한 공포일 수밖에 없다. 그 거대한 공포는 아이 내면의 자아를 마음속 더욱더 깊은 곳으로 도망치게 한다. 살아남기 위해 도망칠 수밖에 없다.

도망치지 않고서는 존재가 무너지는 그 공포를 견딜 수 없기 때문이다. 내면의 자아가 도망치고 비어 버린 마음에는 덧없는 자기대상들만이 수없이 오가게 되겠지만 말이다.

그러나 분명 부모 탓만 하는 게 문제의 해결법은 결코 아니다. 지금 우리 부모님을 쫓아가 그때 왜 그랬냐고, 부모는 자식을 무조건적으로 사랑하고 아껴 줬어야 하는 거 아니냐고, 그랬을 거면 애를 낳으면 안 되는거 아니었냐고 힐난하는 것은 지금의 내 문제를 해결해 주지 못한다. 부모뿐이 아니다. 성인이 된 지금까지 '나'라는 중추적인 개념에 깊은 상처를 남긴 사람들은 무수히 많다. 내가 기억하지 못하는 것들까지 셀 수 없이 많은 사람들과, 셀 수 없이 많은 순간들이 있다. 그들을 모두 일일이 찾아가 복수를 해준다 한들 지금 나의 자아에 새겨진 깊은 틈이 메워지지는 않는다. 그런 비난은 경계를 잃고 흔들리는 나의 자아를 바로잡아 줄 수 없다.

그보다 중요한 것은 지금 내가 이렇게 힘들어하는 것처럼, 마찬가지로 어린 시절의 나 또한 힘들어했다는 사실을 나 스스로가 이해할 수 있어야 한다는 것이다. 아니 지금의 나보다 훨씬 더 거대한 불안과 공포에 떨고 있었다는 사실을 말이다. 단지 그랬었다는 사실에 분노하고 억울해하거나, 그랬었다는 기억을 외면하려고만 해서는 문제가 해결되지 않는다. 그보다는 진심을 다해 다시 그 두려움의 현장으로 다가가 그 불안과 두려움을 이해해 주어야 한다.

그것은 결코 어린 시절의 나를 불안하게 하던 누군가를 찾아내어 복수하고자 하는 것이 아니다. '너 자신을 사랑하라'와 같은 도덕책 구절처럼 막연하고 진부한 구호의 그것도 아니다. 그보다, 누구에게도 사랑받지 못할 것 같아 불안해하던 그 어린아이를 지금의 나라도 끌어안아 주어야 한다는 것이다. 비록 마음속 깊은 곳으로 숨어 버린 아이를 찾아 다시 그 거대한 불안의 현장으로 되돌아가는 과정이 아프고 힘겨울지라도 말이다. 아마 그가 나와 면담하면서 흘린 뜨거운 눈물에 맺혀 있던 것 또한 그런 아픔과 공감의 응어리였을 것이다.

물론 그 환자 역시 그때 흘린 눈물로 그 환자가 가지고 있던 모든 고민과 불안이 일시에 해결된 것은 결코 아니었다. 그때의 깨달음으로 갑자기 새로운 사람으로 환골탈태하였거나, 갖고 있던 문제들이 일거에 사라진 것은 아니었다. 그럼에도 이야기하고자 하는 것은 지금의 나를 힘들게 하는 이 블랙홀 같은 공허감의 뿌리를 나 스스로가 더듬어 볼 필요가 있다는 것이다. 가슴속에 깊디깊은 구멍이 뻥 뚫려 버렸던 그때를 말이다.

나 스스로부터 공감해 주어야 한다. 자기대상들 뒤로 숨어 버린 그 아이를 나 스스로가 찾아내고 이해해 주어야만 한다. 훌쩍 커버린 지금까지도 자기대상들에게 이끌려 다니며 휘청거리는 내 마음속 내면의 자아 말이다. 그 불안이 얼마나 고통스러웠는지를 진정으로, 전부 끌어안아 줄 수 있는 사람은 오직 나 스스로밖에 없다.

그리고 다시 이야기해 주어야 한다. '너도 사랑받을 수 있어', '너도 가치 있게 바라봐 주는 사람이 있어'라는 말을 해줄 수 있어야 한다. 그래서 그 아이가 수줍게나마 조금씩 다른 마음들과의 만남에 다시 용기를 얻을 수 있도록 말이다. 지금의 내가 대상과 대상의 만남이 아닌 마음과 마음, 사람과 사람의 만남이라는 관계로 다시 한 발을 내딛을 수 있도록 말이다.

2

아이언맨이 페퍼 포츠에게서 스스로를 발견하였듯, 마음이 자신을 발견할 수 있는 유일한 순간은 곁의 누군가와 진정으로 마주할 때뿐이다. 내 곁에 앉은 이 사람이 나를 이루는 대상이 아니라, 나와 마주하고 있는 또 다른 마음이라는 것을 진정으로 느낄 때에 비로소 자아가 채워질 수 있다. 계산 능력 따위 없어도, 올백짜리 성적표가 없어도, 강력한 수트가 없어도, 휘황찬란한 저택이 없어도 그저 있는 그대로 나에게 따뜻이 다가와 주는 사람이 있다는 것을 발견하는 그 순간 말이다.

타자가 나의 대상이 아니라 하나의 인격, 하나의 자아로서 내게 다가온다는 것은, 마찬가지로 타자에게 내가 대상이 아니라 하나의 인격, 하나의 자아로 다가갈 수 있다는 것과 다름없다. 그러기 위해서는 먼저 자기대상들로 얼기설기 세워 놓은 나의 자아 뒤에, 한없이 유약한 나의 내면이 숨어 있다는 사실을 직시할 수 있어야 한다. 그래서 품어 줄 수 있어야 한다.

언제부터 어떻게 불안해졌는지, 왜 그렇게 수많은 자기대상들로 자신을 둘러쌀 수밖에 없게 되었는지를 나 스스로가 보듬어 줄 수 있어야 한다.

그러고 난 뒤에야 우리는 지금 내 곁의 이 사람이 '대상'이 아닌 소중한 나의 '관계'라는 사실을 받아들일 수 있다. 그래야 내 곁의 이 사람 입장에서 또한, 나를 그의 '대상'이 아닌 하나의 소중한 '관계'로 받아들여 줄 수 있다. 우리는 그때에 비로소 나의 자기대상들로부터 벗어날 수 있다. 거기에서 벗어나, 연약하고 지친 진짜 '나'가 존중받는 놀라운 관계를 만나게 될 수 있다. 그 관계가 나의 자기대상들을 떨쳐 내고 내 마음의 경계를 뚜렷하게 드러내 주는 놀라운 경험을 할 수 있다. 그렇게 관계를 통해 자아가 재정립된다. 그러한 순간을 경험하며 우리는 단단해진다.

요약하자면, 자아에 경계가 존재한다는 것은, 여기까지는 '나' 여기부터는 '내가 아닌 것'을 구분하는 기준이 있다는 말이다. 하지만 답답하게도 그 경계라는 것은 아무리 들여다보려 해도 결코 보이지 않는다. 나 혼자서는 아무리 깊이깊이 스스로에게 침잠해도 나의 경계를 손에 잡을 수 없다. 더군다나 보이지도 않는 그 경계란 것은 때때로 심하게 요동치기까지 한다. 때로는 무척 흐릿해지고 때로는 해체되기도 한다. 그래서 내가 아닌 것들, 나일 수 없는 것들-자기대상들을 쥐고 나로 만들고자 헛된 발버둥을 치게 되기도 한다. 뭐가 진짜 나인지, 뭐가 내 바깥에 있는 자기대상인지를 혼동하게 된다. 하지만 너무나 놀랍게도 그 혼돈의 경계 언저리가 다른 마음과 마주하는 그 순간, 내 마음의 경계, 나와 너의 경계는 잠시나마 또렷해진다. 그 경계가 또렷해질 때에야 우리는 비로소 진정한 나로서 존재할 수 있게 된다. 나를 이루고 있는 것들 중 무엇이 진정한 나인지, 무엇이 바스러져 나갈 자기대상인지, 무엇이 다른 이의 마음인지를 구분할 수 있게 된다. 역설적이지만, 내 마음은 스스로를 확인하면서 자폐적 우주에 감금된 혼란으로부터 나를 해방시켜 준다.

Ⅲ. 저는
이게
제 마음인 줄
알았어요

저 인간은 도대체 왜 그러지

　　마음과 마음의 진정한 만남으로 빚어낸 울림이 자신의 경계를 또렷이 구분 지어 주고, 거기서 진정한 자기감을 획득한다는 이야기는 꽤나 멋져 보인다. 너를 통해 내가 완성된다는 거 아니겠는가. 톰 크루즈의 전성기 시절의 외모를 볼 수 있는 1996년의 영화 〈제리 맥과이어〉에서는, 주인공 제리가 도로시에게 프로포즈를 하며 뭉클하게 내뱉는다.

　　"You Complete Me (당신은 나를 완전하게 해)."

　　우리는 모두 완전해지고 싶다. 나를 완전하게 해줄 수 있는 것은 다름 아닌 내 곁의 '너'이다. '나'는 완전해지기 위해 '너'를 찾아 헤맨다.

그런데 사실 항상 그렇지만은 않은 것이 슬픈 현실이다. 꿈은 높은데 현실은 시궁창이라고 했던가, 주변을 둘러보면 어째 그 정반대의 경우가 더 많은 것 같다. 토니 스타크나 제리 맥과이어 같은 로맨틱한 자아 통합의 꿈과는 천길만길 멀리 떨어진 현실이 태반이다. "저 인간 때문에 내가 제명에 못 죽지"라든지 "저 인간만 없으면 내가 정말 나답게 살 수 있을 텐데", "나는 결코 저 인간에게서 벗어날 수 없어" 등등처럼 말이다.

'진정한 관계를 통한 진정한 나의 발견'은 사실 자아의 내면적인 자존감에 대한 이야기이다. '자아'가 존재한다는 느낌, 존재할 가치가 있다는 느낌, 그런 내적 가치감이 부족하기 때문에 자기대상을 그러모으게 되고, 그 때문에 혼란스러워지게 된다는 이야기이다. 즉, 우리의 혼란과 아픔은 사실 우리의 내면적인 자아 정체감이 유약하기 때문이다. 그리고 그것을 치유해 줄 수 있는 것이 내면의 나와 마주할 수 있는 누군가와의 진실된 관계라는 것이고 말이다.

하지만, 우리가 일상 속에서 매일 고민하고 눈물짓고 분노하는 것이 모두 그 자기 정체감에 달려 있지는 않다. 자기감이 정말로 혼란스러워 일상생활에 문제가 생기는 사람들보다는, 그저 하루하루의 감정으로 지쳐 가는 경우가 더 많다. 우리는 '도대체 내가 누구지'와 같은 무겁고 존재론적인 문제들보다는 '저 인간은 왜 말을 저따위로 할까', '이 인간은 지금 나 열받으라고 일부러 이러는 건가?', '대체 왜 나는 이런 인간이랑 같이 엮인 걸까'와 같은 사소하지만 불쾌한 관계들로 고민하는 순간 이 더욱 많다. 그런 불쾌한 감정들은 너무나 손쉽게 나를 침범하고, 나의 마음을 갉아먹는다. 나를 힘들게 하는 것은 내가 조절하지 못하는 감정의 출렁임이다. 도대체 정체가 무엇인지도 모를 감정들의 요동이다. 그리고 그것들 대부분은 우리 주변의 '관계'에서 비롯하고 있다.

그런 골치 아픈 관계까지는 아니라 할지라도, 그저 다른 사람들과 만나고 접촉하는 것 자체가 스트레스이고 불안일 수도 있다. 일과 생활 양쪽에서 매일 같이 쫓기듯 하루를 보내는 현대인들에게 사람과 사람의 만남은 그저 스트레스 그 이상도 그 이하도 아니다. 자기대상인지 자아 경계인지 복잡하게 따질 것 없이 그냥 날 좀 내버려 뒀으면 하는 바람만이 간절하다. 다름 아닌 혼밥과 혼술의 시대 아니겠는가. 오히려 나 혼자 있을 때에야 비로소 내가 완전해지는 것 같다고 느끼는 사람들도 많다. 나를 찾아왔던 어떤 환자는 "풀만 뜯어 먹고 살더라도, 정말 아무도 없는 산속에 가서 혼자 살고 싶어요"라고 이야기하기도 했다.

수많은 책들과 강연들은 관계를 통한 치유를 이야기한다. 진정한 관계. 피상적이고 표면적인 관계가 아닌 진실된 관계와 참된 사랑. 거기서 얻는 충만함과 행복, 치유, 뭐 그런 것들 말

이다. 하지만 그런 말들은 글자에 그쳐 사라지고 일상의 내게
는 직접 와닿지 않는다. 사실 진정한 관계에서 내가 치유될 수
있다는 것을 모르는 사람이 어디 있겠는가. 지금 내가 힘든 건
오히려 관계에서 오는 스트레스 때문인데 말이다.

실제로 우리 주변에는 나를 완전하게 만들기보다는 오히
려 나를 갉아먹고 있는 것은 아닐까 싶은 사람들이 더 많은 것
같기도 하다. 우리는 분명 혼자 있을 때보다 누군가와 부딪힐
때에 더 쉽게 불안해진다. 누군가와 불쾌하게 마주할 때에 나
스스로의 경계가 침해받는다. 원치 않게 나의 경계를 뒤흔들고
파괴해 버리는 사람들로 우리는 너무나 자주 고통을 받는다.
혼란스럽던 내 마음의 경계가 내 곁의 '너'로 인해 분명하게 드
러나기도 하지만, 오히려 지금 내 옆의 '네놈' 때문에 이 경계가
이토록 혼란스러워지기도 한다.

곽곽한 현실을 살아가는 우리들에게 톰 크루즈의 로맨틱
하고 애절한 대사보다는, 어느 CF 속에서 장쯔이에게 낙엽을
주워 던지며 외치던 정우성의 절규가 더욱 와닿는다.

"널 만나고부터 제대로 되는 일이 하나도 없어!"

지금 당신은 경계를 잃었습니다

　　나에게 안정과 충만함을 선사할 수 있는 것이 오직 진실된 '관계'라는 것만은 분명하다. 그런데 왜 나는 그 '관계' 때문에 더욱 불안해하고 분노하게 되는 것일까. 관계를 통해 내가 비로소 완전해질 수 있다고 하면서, 왜 내 주변의 관계들은 나를 이토록 지치게만 만드는 것일까. 현실 속의 관계는 대부분 아름답지 않다. 팍팍한 현실 속에서 파탄적인 관계는 오히려 나의 경계를 허물고 있는 것만 같다.

　　그 이유는 사실 '감정'에 있다. 기쁨, 슬픔, 두려움, 분노, 역겨움 같은 감정 말이다. 우리를 뒤흔드는 그 요물 같은 감정이 바로 범인인 셈이다. 나의 우주가 다른 우주와의 만남에서 오히려 찌그러지고 더욱 혼란스러워지는 까닭은, 우주와 우주 사이에서 넘실대는 감정의 춤사위 때문이다.

그리스의 어느 철학자는 사람이 생각하는 동물이라고 했다. 사람만이 짐승과 다르게 이성적으로 생각하고 판단하며 그에 따라 행동할 수 있다는 이야기이다. 그래서 우리는 우리가 생각으로 움직이고 생각으로 살아간다고 착각하기도 한다. 그렇지만 사실 우리를 정녕 움직이는 것은 감정이다. 심지어 생각하고 판단하는 순간조차도 머릿속에서는 감정을 담당하는 뇌의 영역이 먼저 발화하는 경우가 더 많다. 감정이 판단을 주조하고 이끄는 경우가 훨씬 많다. 그것이 전혀 감정적이지 않은 상황이라 할지라도 말이다.

다마지오Damasio, 베차라Bechera 등의 신경과학자들은 논리적인 추론보다 감정에 대한 자각이 판단Decision을 내리는 데에 더 중요하게 작용함을 주장한 바 있다. 그들은 감정을 담당하는 뇌의 영역인 편도체Amygdala가 손상되어 있거나, 감정 신호에 대한 분석과 판단을 담당하는 복내측 전전두피질Ventromedial Prefrontal Cortex이 손상된 환자들에게서 합리적인 판단을 하는 능력이 떨어져 있는 것을 관찰했다. 그 환자들은 감정을 느끼는 능력이 손상되어 있거나, 감정에 대한 판단을 하는 능력이 손상되어 있을 뿐, 인지기능의 손상은 거의 없었다. 그러나 카드놀이에서 돈을 가장 많이 딸 수 있는 방법을 스스로 찾아갈 수 있는지를 평가하는 실험Iowa Gambling Task에서, 정상인들에 비해 해당 뇌 영역이 손상된 환자들이 유독 비합리적인 선택들을 반복하는 모습을 보여 주었다. 어떤 카드가 어떤 정도의 위험을 가지고 있는지, 어떤 선택이 어떤 결과를 일으키는지 등에 대해서는 정상인과 똑같이 인지하고 있음에도 불구하고 말이다. 또한 고트프리드Gottfried, 오 도허티와 돌란O'Doherty&Dolan 등의 연구자들은 기능성자기공명영상fMRI으로 뇌를 관찰하여, 예측과 판단, 결정을 내릴 때에 앞서, 감정뇌의 영역들이 실제로 더 먼저 활성화되는 것을 직접 관찰했다. 파울루스Paulus, 로갈스키Rogalsky, 시몬스Simmons 등의 연구에서도 역시, 단순한 사고 판단 과정에도 감정과 밀접한 부위가 항상 활성화된다는 사실을 밝혀냈다.

뿐만 아니라, 진화적으로도 사람은 이성적으로 생각할 수 있게 된 시기보다 수천만 년도 더 전부터 펄떡이는 감정과 함께 해왔다. 강아지가 기뻐하고, 생쥐가 두려워하고, 코끼리가 분노하듯이 모든 동물이 진화적으로 공유하는 것은 바로 감정이다. 느낄 수 있는 능력이다. 그 능력이야말로 사실 우리를 여기까지 끌어온 장본인인 것이다. 그리고 우리는 지금도 여전히 감정에 매여 살아가고 있다. 우리가 눈치채지 못하는 순간에도, 우리가 생각하고 판단하고 있다고 착각하는 순간조차도 말이다. 우리를 뒤에서 조종하고 뒤흔드는 흑막엔 감정이라는 요물이 있다.

그러면 감정이 도대체 어쨌기에 나의 일상에서 수많은 관계들을 파탄으로 몰아간다는 것일까. 왜 감정이야말로 나의 경계를 무너뜨리는 관계들을 설명하는 주인공이라는 것일까. 아니, 사실 내 감정은 부차적인 것이 아닌가? 감정은 범인이 아니라 결과인 거 아니냔 말이다. '저 인간'이 자기밖에 모르고, 나를 속이고, 배신하고, 업신여기니까 내가 당연히 화가 나는 건데 말이다. 감정은 관계에서 뒤따라오는 것일 뿐인데 대체 어떻게 감정이 거기에 앞설 수 있다는 것일까.

관계를 파탄 내는 감정, 그 무서운 힘의 첫 단추는 바로 강력한 공유성에서 시작한다.

감정은 분명 전염성이 있다. 헤비메탈 공연장이나 EDM 페스티벌에 가본 사람이라면 심장을 울리는 음악 소리과 함께 수천 명이 외치는 환호에 저절로 솟아나는 흥분감에서 감정의 전염을 경험해 본 일이 있을 것이다. 장례식장에서 끊이지 않은 곡소리와 무거운 공기를 느껴 본 일이 있는 사람이라면 나도 모르게 전염되는 슬픔을 경험해 본 일이 있을 것이다. 이러한 전염성은 분노, 적개심, 불안 같은 불쾌한 감정에 있어서도 마찬가지이다. 불쾌감은 관계가 맺어지는 곳이라면 들불처럼 쉬이 번져 나간다. 그것이 아무리 사소한 것이라 할지라도 말이다.

실제로 사람의 뇌는 다른 사람의 표정이나 말투, 분위기

등을 무의식적으로 감지하여 자신의 감정을 만들어 낼 수 있다. 복합적인 역할이지만 그것을 주로 담당하는 부위는 아마 뇌섬엽Insula이라고 할 수 있을 것이다. 앞서 이야기한 복내측 전전두피질Ventromedial Prefrontal cortex의 역할이 '나'의 감정을 깨닫는 부위라고 한다면, 뇌섬엽은 '타인'의 감정을 눈치채는 부위인 것이다. 뇌섬엽은 본능적으로, 무의식적으로 그것을 눈치챈다. 관계 속에서 어느 누군가의 감정이 피어오를 때면, 나도 모르게 나의 뇌섬엽이 활성화되기 시작한다. 상대방의 감정은 뇌섬엽을 활성화시키고, 뇌섬엽은 다시 '나'의 감정을 담당하는 뇌의 영역을 활성화시킨다. 그것을 나의 감정으로 만들어 낸다. 즉 감정이 공유되는 것이다. 감정은 분명 마음과 마음 사이의 경계를 쉽게 뚫고 지나다닐 수 있는 강력한 힘이 있다.

감정 덩어리는 마음과 마음 사이 이곳저곳을 쏘다닌다. 다른 사람의 마음을 잔뜩 묻히고 나의 마음속으로 불쑥 뛰어 들어오곤 한다. 또는 나의 마음을 덕지덕지 묻힌 채 다른 사람의 마음속으로 뛰어들기도 한다. 그렇게 천방지축처럼 마음의 경계를 거리낌 없이 오간다. 그러는 사이에 감정 덩어리는 점점 불어난다. 내 마음과 다른 사람들의 마음을 조금씩 묻혀 가며 점점 불어난다. 점점 무거워진다. 그리고 그 무게는 결국 점점 내 마음을 지치게 만든다. 점점 지쳐 가는 마음은 그 경계 또한 조금씩 약해지기 마련이고 말이다.

심지어 가끔씩 그 감정 덩어리가 주체할 수 없이 커져 마치 파도처럼 나를 덮칠 때면, 감정은 아예 단번에 나의 경계를 와르르 무너뜨리고 밀려 들어오기도 한다. 그렇게 되면, 어느새 거대하게 불어나 버린 감정이 애초에 어디에서 생겨난 것인지 알아차릴 수조차 없다. 경계가 이미 무너졌기 때문이다. 그저 걷잡을 수 없이 커진 감정의 물길에 내가 휘말려 들어가 버리고 만다. 그 물결 속에서 이리저리 휘청이며 혼란과 절망에 더욱 깊이 빠져들고 만다.

관계란 분명 나의 혼란을 치유할 수 있는 유일한 해결책이지만 동시에 나를 위협하는 가장 무서운 덫이기도 하다. 무너져 버린 경계의 언저리에서 나의 자아는 때때로 감정이란 급류에 휩쓸려 가버린다.

서로가 주고받는 감정의 캐치볼

1

감정은 원래 서로의 마음속을 쉽게 파고든다. 경계를 뚫고 나에게서 너에게로, 너에게서 나에게로 쉽게 전염된다. 하지만 감정이 나의 경계를 뚫고 들어왔다는 사실이 곧, 나의 경계가 무너졌다는 뜻은 아니다. 마음의 경계가 누군가의 감정을 허용하는 것은 너무나 흔하고 당연한 일이기 때문이다. 경계를 뚫고 지나갈 수 있다는 것은 감정만의 고유한 특권이다. 또 감정의 그런 고유한 특성 덕분에 우리는 누군가에게 '공감'할 수 있고, 또 누군가와 사랑을 나눌 수도 있는 것이다.

정말로 우리의 경계가 허물어지기 시작하는 순간은 나의 경계를 뚫고 들어온 감정을 진짜 '내 감정'으로 착각한 채 떠안아 버리는 순간이다. 또는, 내 감정을 '너의 것'으로 착각하고 나의 경계 너머로 던져 버리는 순간이다.

그렇게 떠안거나 던지기 위해 그 감정을 움켜쥐는 순간이다. 마음과 마음 사이를 이리저리 오가던 감정을 우리가 와락 움켜쥘 때, 그 순간에 우리 마음의 경계는 본격적으로 허물어지기 시작한다. 그 허물어진 경계의 틈에서 우리는 그것을 마구 집어 던지거나 억울하게 떠안게 된다.

예를 들면 내 옆의 친구가 나에게 난데없이 막 화를 내고 짜증을 부린다고 생각해 보자. 그러면 그 분노와 짜증은 나의 마음속으로 쉽게 들어온다. 나도 함께 화가 나고 짜증이 난다. 하지만 내가 친구의 그 모습에서 덩달아 짜증을 느꼈다고 해서, 나의 마음의 경계가 무너진 것은 아니다. 그것 자체는 자연스러운 일이다. 오히려 나의 경계가 무너지는 순간은, 내가 그 짜증을 덥썩 움켜쥐는 순간이다. 그래서 그것을 단단히 쥐고 '나의 짜증'으로 떠안거나, 엉뚱한 다른 사람, 예컨대 가족이나 애인에게 내던지게 되는 순간이다. 친구의 비난에 상처 입고 슬퍼하거나, 짜증이 난 채로 집에 가서 엄마에게 화풀이를 하게 되는 것처럼 말이다.

그렇게 던지고 떠안는 감정의 캐치볼 속에서 우리는 조금씩 무너져 간다. 그렇게 서로에게 던지고 서로가 떠안다 보면 그 감정의 무게는 점점 더 묵직해져 가고, 더 날카롭고 뾰족해진다. 그런 괴로움의 덩어리들이 오고 가며 우리는 좌절해 간다.

그러면 대체 우리는 왜 그렇게 감정을 움켜쥐고 던지고 떠안고 있는 것일까. 왜 그 감정의 오감 속에 자아의 경계를 무너뜨리고야 마는 것일까. 왜 그 감정에서 너와 나, 안과 밖을 헷갈리게 되는 것일까. 그 복잡한 매듭의 실마리를 풀어내기 위해서는 사실, 조금 먼 과거로 돌아가야만 한다. 우리의 자아 자체가 불완전하던 어린 시절 말이다. 우리 모두가 거쳐 왔지만 기억하지 못하는 어리디어린 아기 시절, 그 시절의 역동에서 해답의 실마리를 찾을 수 있다.

2

갓 태어난 아기들은 사실 세상의 모든 이치를 알고 있지만, 처음 말을 배우는 순간 천사들의 손짓으로 모든 것을 망각해 버린다는 이야기가 있다. 말을 배우기 이전까지의 아이들은 전생을 기억하고 있다는 이야기도 있다. 사실 흔히 표현되는 것이긴 하지만, 이러한 문학적 상상은 아기들이 말을 못 할 뿐 사실 성인과 똑같이 생각하고 있다는 오해에서 나온다. 비록 말은 모르지만 우리가 너무나 자연스럽게 하고 있는 것과 똑같이 언어적이고 연역적으로 생각할 것이라 오해하고 있기 때문이다. 똑같이 '나'와 '자아'에 대해 받아들이고 있을 것이라고 말이다.

그렇지만 애초에 갓난아기는 이렇다 할 '자아'라는 것을 가지고 있지 않다. 아기들의 정신세계는 성인의 그것과 확연히 다르다. 이제 갓 세상에 태어나, 아직 마음이나 자아라는 것을 가지고 있지 않은 상태에서 그것들을 조금씩 찰흙 빚듯 만들어가는 시기가 바로 영아기Infancy이기 때문이다. 신생아들은 심지어 자신과 타인을 구분하는 것조차 하지 못한다. 처음으로 자기와 타인을 구분하기 시작하는 것은 보통 생후 6~8주 정도로 알려져 있다. 자아를 구성하는 가장 핵심적인 요소인 자신의 '의도'라는 것을 발생시키는 것은 그보다 한참 뒤인 생후 6~7개월쯤 후의 일이고 말이다. 생후 6주 이전, 나와 남의 차이를 구분하지 못할 때 아기들은 깨어 있는 대부분의 시간을 자신의 손이나 팔 등을 보면서 보낸다고 한다. 지금 바라보는 이 손이 무엇인지 알지 못한 채, 그 움직임과 생김새를 흥미로워하며 하루 종일 관찰하는 것이다.

아기들이 이렇게 자기 자신에 대해 어른처럼 생각하고 받아들이지 못하는 큰 이유 중에 하나는 뇌가 아직 다 발달되지 않은 상태로 태어나기 때문이다. 물론 자아를 형성하기에 아직 시간적, 양적인 경험자극이 부족하기 때문이기도 하다. 그러나 아기는 자아를 만들어 내기에 뇌부터가 구조적으로 부족하다. 생각하고 판단하고 분석하고 기억할 수 있는 뇌 영역의 대부분은 태어난 후에 만들어진다. 우리가 갓난아기 시절을 기억하지 못하는 이유도 마찬가지로 기억을 담당하는 생각뇌-기억뇌가 아직 발달되지 않았던 때이기 때문이다.

그런데 흥미롭게도, 아기들의 감정을 담당하는 뇌, 특히 두려움과 불안 등을 담당하는 뇌의 영역은 거의 대부분 발달이 완료된 상태로 태어난다. '생각뇌'는 다 만들어지지 않았지만, '감정뇌'는 다 완성된 상태라는 것이다. 즉, 아이들은 아직 자아도, 생각도, 기억도 없지만 두려움이나 분노만큼은 우리와 똑같이 '느낄 수' 있다. 아직 누가 분노하는 것인지, 왜 두려워하는 것인지는 알지 못하지만 아이들은 충분히 분노하고 두려워할 수 있다. 게다가 생각-기억뇌의 기억능력과는 전혀 별개의 회로로, 감정뇌 또한 약간의 기억능력을 가지고 있다. 오직 감정기억만을 불완전하게 기록하지만 말이다. 그래서 아기들은 보고 듣는 것들은 아무것도 기억하지 못해도, 오로지 감정만은 기억할 수 있다. 생각도 판단도 기억도 아무것도 하지 못하던 순간에, 감정만은 우리처럼 생생하게 느끼고 기록할 수 있을 수 있는 것이다.

그리고 바로 이때, 자아 없이 감정을 경험하는 생애 여명의 순간에, 성인이 된 우리들을 지금까지도 고뇌하게 하는 분노와 불안의 씨앗이 탄생한다.

감정 던지기,
성숙한 누군가가 대신 아파해 줬으면

만약 내가 옆에서 엎드려 자고 있는 친구의 팔을 갑자기 세게 꼬집는다면 어떻게 될까. 팔뚝 안쪽 부드러운 살을 꼬집어 비틀어 쥐는 순간 친구는 '아얏!' 소리를 내며 잠에서 깰 것이다. 그러고는 고통, 당황, 황당, 짜증, 분노가 잔뜩 섞인 눈으로 나를 쳐다볼 것이다.

"뭐야!"

"아, 미안. 그냥 어떻게 반응하나 보려고 꼬집어 봤어"

분명 내 친구는 나를 걸어찰 것이다. 물론 내 친구가 성격이 고약한 탓도 있긴 하지만, 누구라도 그럴 것이다. 사실 뺨이라도 한대 걸어 올리지 않으면 다행이다. 사소한 감정이겠지만 친구는 나에게 '분노'할 것이다.

그럼 만약에 친구가 내 옆에서 엎드려 자다가 갑자기 배탈이 심하게 났다면 어떻게 될까. 점심에 먹은 상한 우유 때문에 배에서 갑자기 야단이 난 것이다. 친구는 갑작스러운 복통에 신음을 내면서 깰 것이다. 이번에도 옆에 있는 나를 걷어찰까? 글쎄, 성격이 분명 고약하긴 하지만 아마 그렇게까지 할 것 같지는 않다. 단잠을 깬 복통에 분노할지는 모르겠으나 나한테 화를 내지는 않을 것 같다.

그럼 이번엔 갓난아기가 눈앞에 있다고 생각하고 아기 팔을 세게 꼬집어 본다고 상상해 보자. 아, 물론 그냥 상상만 해 보자는 것이다. 진짜로 꼬집으면 큰일이다. 사랑스러운 갓난아기를 꼬집는다니, 상상만으로도 마음이 아파오지만 어쨌든 아기 팔뚝 살을 내가 억센 손으로 비틀어 꼬집는다면 어떻게 될까. 말할 것도 없이 아기는 아파서 자지러지듯이 울음을 터뜨릴 것이다. 목청이 떨어져라 울 것이 분명하다. 그 울음에는 아기의 고통, 분노, 불안 등의 감정이 폭발하듯 터져 나올 것이다. 앞서 이야기하였듯 아기도 원초적인 감정을 느낄 수 있는 생물학적 능력은 충분하기 때문에 아기는 맹렬히 분노하고 맹렬히 고통스러워할 것이다.

자, 그럼 이번엔 아기 역시 점심에 먹은 우유로 배탈이 나서 장이 꼬이듯 아파 오는 상황이라고 생각해 보자. 알다시피 급성 복통은 보통 아픈 통증이 아니다. 갓난아기라고 그걸 꾹 참을 수 있을 리가 없다. 마찬가지로 아기는 자지러지듯이 울음을 터뜨릴 것이다. 목청이 떨어져라 울 것이 분명하다. 그 울음에서도 역시 아기의 고통, 분노, 불안의 감정이 터져 나올 것이다.

두 상황 모두 아기는 분명 내 친구보다 더하면 더했지 덜 고통스러워하지는 않을 것이다. 덜 분노하지는 않을 것이다. 그런데 분명 똑같이 생생한 감정들이지만, 이것들이 갓난아기에게 다가오는 형태는 사뭇 다르다. 우리가 자연스럽게 받아들이는 그 감정들의 형태와는 다르다. 내 친구가 그랬듯, 우리는 너무나 자연스럽게 느낄 수 있는 그 차이가 이제 막 눈을 뜬 갓난아기에게는 다르게 다가올 수밖에 없다.

내 친구와 갓난아기가 다른 이유는 아기가 생각하고 분석하지 못하기 때문이다. 아기는 자아의 경계가 형성되지 않아 감정과 감각의 안팎을 구분할 수 없기 때문이다. 우리가 어떤 자극을 받았을 때에 그것이 우리의 어떤 생각, 느낌과 행동으로 이어지는 데에는 대개 다음과 같은 일련의 과정을 겪는다.

[자극] → [감정] → [분석, 판단] → [느낌, 생각] → [행동]

어떤 자극이 온 뒤에 그에 따른 행동이 나오기 전에는 감정과 감정에 대한 판단, 분석 과정이 포함된다. 하지만 대부분의 상황에서 우리는 자극을 경험한 뒤에 바로 그것이 느낌과 생각으로 이어진다고 인식하곤 한다. 왜냐하면 자극이 감정을 불러일으키고, 그 감정이 분석되는 과정은 대부분 무의식적으로 아주 빠르고 자동적으로 이루어지기 때문이다. 이 무의식적인 과정에서의 [감정]은 일상적인 분노, 두려움, 고통 등으로 이루어져 있긴 하지만 우리가 보통 표현하는 감정, 느낌과는 조금 다를 수 있다. [자극]이 유발시킨 신호가 '생각뇌'에 닿기 전에 '감정뇌'에 먼저 닿아서 발생시킨 감정이기 때문이다. 아직 우리가 '감정을 느낀다'라고 인식하기 이전의 무의식적 과정인 셈이다. 물론 때에 따라 그 단계에서부터 감정을 느끼게 되는 경우도 있긴 하지만 말이다.

어쨌든 어떤 [자극]이 생기면 그것은 가장 먼저 무의식적으로 [감정]을 발생시킨다. [자극]은 그다음 차례가 되어서야 생각뇌에 도달한다. 먼저 닿은 감정뇌에서 발생한 신호가 맨 처음의 [자극]과 함께 생각뇌에 도달한다. 그러고 나면 생각뇌는(여전히 무의식적인 상태이지만) 이 [감정]과 [자극]이 어떤 것인지를 [분석]하고 [판단]하게 된다(생각뇌-Prefrontal cortex의 복내측-Ventromedial에서 이루어지는 일이다). 이게 왜 나타났는지, 어디서 나타났는지, 어떤 종류의 것인지 등을 판단하고 나면 그제서야 이 일련의 신호들은 드디어 우리가 인식할 수 있는 단계로 올라온다. 우리가 [생각]한다고 인식하고, 감정을 [느낀다]고 인식할 수 있는 단계로 말이다(생각뇌의 배외측-dorsolateral에서 이루어진다). 그리고 최종적으로 어떻게 [행동]할지가 결정된다.

다시 친구의 상황으로 돌아와 이 일련의 복잡한 과정을 한 번 적용해 보자.

우선 첫 번째 자극은 내가 제공했다. 호되게 꼬집어 줬다. 통증이라는 외부자극을 발생시켜 주었다. 갑작스러운 통증은 가장 먼저 감정뇌로 달려가 고통이라는 감정을 자극한다(고통도 감정의 일종이다). 고통은 보통 분노와 함께 발화하기 쉽다. 본인 스스로는 인지하지 못하지만, 우선 고통과 분노에 먼저 불이 붙는다. 그다음의 무의식적인 과정은 이 감정이 어디에서 솟아났는지를 탐색하는 단계이다. 팔뚝 안쪽 살이 에리듯 아파오는 게 분명 누가 꼬집은 통증이다. 누가 꼬집었을까. 마침 옆을 보니 실실거리면서 웃고 있는 녀석이 있다. 아 이놈 때문이구나! 고통, 분노 같은 감정이 느낌으로 전환되는 것은 그때쯤이다. 그제서야 비로소 본인에게 인지되곤 한다. 영문 모를 불쾌감이 내 옆의 이 녀석에게서 나온 것이구나를 깨닫는 것이다. 짜증과 화가 치솟는다. 그럼 이번에는 이 불쾌감에 맞게 적절한 행동을 할 단계이다. 나를 한 대 걷어차 준다. 불쾌감을 선사해 준 대상에게 이 분노를 다시 던져 주는 것이다.

[자극 : 팔뚝 통증] → [감정 : 고통, 분노] → [분석, 판단 : 밖에서 온거네 ⇒ 누가 꼬집었구나] → [느낌 : 고통, 분노]

[짜증, 화] [행동 : 걷어차 주기]

이번엔 친구가 점심에 먹은 요구르트로 배탈이 난 상황을 들여다보자. 곤히 자다가 갑자기 심한 고통에 화들짝 깨는 것은 마찬가지이다. 그런데 이번엔 그 이후의 상황이 조금 다르다. 처음에는 똑같이 고통과 분노에 불이 붙더라도, 그것이 내 뱃속에서 저절로 생겨났음을 깨닫고 난 후에 저절로 부질없는 분노가 안으로 갈무리된다. 배가 아파 표정은 있는 대로 못생기게 구겨지지만, 짜증과 분노가 함께 치솟지는 않는다. 즉, 내가 '느끼는' 부분에서는 짜증과 분노가 아까처럼 함께 올라오지 않는다. 스스로 안에서 기인한 불쾌감을 바깥으로 배출해서는 안 된다는 것을 잘 알고 있기 때문이다. 옆에 있는 나에게 그것을 쏟아 내지 않는다. 다만 급하게 다른 것을 쏟아 내기 위해 화장실을 찾을 뿐이다.

[자극 : 배 통증] → [감정 : 고통, 분노] → [분석, 판단 : 안에서 생긴 거네 ⇒ 배탈이 났구나] → [느낌 : 고통] [행동 : 화장실 가기]

그러나 갓난아기는 그런 감정에 대한 무의식적인 [판단]과 [분석]을 제대로 할 줄 모른다. 그런 것들을 하기에는 아직 뇌

자체가 덜 발달했다. 일련의 프로세스 중에 그저 원초적인 [감정] 부분만이 활활 타오르는 것이다. 그다음 단계인 판단이나 생각, 적절한 행동 같은 것들이 불가능하다. 갓난아기는 그저 울음으로 감정을 발산해 낼 수밖에 없다. 자아가 아예 없을 때는 고사하고 생후 6주가 지나 나와 내가 아닌 것, 안과 밖을 구분할 줄 아는 시기가 온다 하더라도 아기는 감정을 제대로 분류하지 못한다. 이것이 내 안에서 생겨난 고통과 분노인지, 아니면 내 밖에 있는 어떤 커다란 아저씨가 와서 던져 준 불쾌감인지를 구분할 만한 능력이 부족하다. 팔을 꼬집는 고통과 장이 꼬이는 듯한 복통. 둘 모두 아기에게는 감당하기 어려운 수준의 감정이다. 감당할 수 없을 뿐더러 구분할 수조차 없다.

내 친구 같은 성인이라면 지금 내게 끓어오른 감정이 바깥에서 온 불쾌감임을 깨닫고 난 후엔 바깥의 문제를 해결하려 할 것이다. 또 만약 그것이 나 스스로에게서 내적으로 발생한 불쾌감임을 깨달았다면 그것을 내적으로 해결할 방법을 찾을 것이다. 적어도 성숙한 어른이라면 감당할 수 있는 수준의 불쾌감을 느낄 때에, 그 원인에 따라 대처할 줄 안다. 내 친구가 배가 아파서 자다 깼는데 난데없이 내 뺨을 때리지는 않는 것처럼 말이다.

하지만 아기는 그러지 못한다. 아기는 그 고통이 내 안에서 생긴 것인지, 밖에서 들어온 것인지를 구분할 수 없다. 아니 애초에 안과 밖이라는 개념 자체가 없다. 아기에게는 '나'라는 개념의 경계가 없기 때문이다. 아기에게는 바깥세상과 내가 서로 다른 존재가 아니다. 아기에게 엄마와 나, 침대와 나는 서로 다른 존재가 아니다. 구분되지 못하는 것들이 모두 하나로 융합되어 있다. 경계 없는 자아에게 감정과 생각, 신체, 현실을 포함한 모든 것은 하나로 뭉게뭉게 합쳐져 있다. 단지 고통과 분노만이 선명하다. 아기는 그저 그 불쾌감에 반응하는 것 이상의 단계로는 넘어갈 수 없는 것이다. 있는 대로 울어 제친다. 그런데 그러면 신기하게도 그 불쾌감이 사라지는 것을 아기는 경험할 수 있다. 어디에서 어떻게인지는 모르지만 짜증이 줄고 기분이 좋아지는 것을 느낄 수 있다. 어떻게 울기만 했는데 저절로 불쾌감이 사라질 수 있을까.

그 비결은 바로 감정 던지기에 있다. 아기는 감당하지 못하는 감정을 바깥으로 던져 버리는 방법으로 해결하는 것이다. 그렇다면 어떻게 감정을 던지는 것일까. 우선 첫째로, 아기는 우리와 똑같이 고통과 분노, 불안을 느낀다. 그렇지만 그것이 어디에서 생겨났는지를 구분하지는 못한다. 아기의 뇌로는 그것을 도저히 처리할 수 없다. 처리되지 못한 감정은 아기가 가진 미숙한 자아의 너머로 그저 아무런 경계 없이 퍼져 나간다. 찢어지는 듯한 울음을 통해서 퍼져 나간다. 그리고 앞서 이야기하였듯 감정이란 것은 다른 사람의 경계를 뚫고 들어갈 수 있는 전염성이 있다. 발산되는 감정은 아기 곁에 있는 누군가의 경계를 뚫고 들어간다. 대부분은 엄마 아니면 아빠일 것이다. 그러면 엄마 아빠 역시 아기의 울음이라는 자극에서 전염된 분노와 고통을 함께 경험하게 된다. 날카로운 울음소리에 부모는 짜증과 화가 순간 치솟는다. 하지만 사실 그것은 엄마 아빠 내적 원인으로 발생한 감정이 아니다. 아기에게서 발산되어 엄마 아빠를 뚫고 들어온 아기의 짜증과 화인 것이다. 어른은 아기와 달리 그것을 구분할 수 있다. 엄마 아빠는 그 짜증과 화가 어디에서 온 감정인지를 구분할 수 있다. 지금의 짜증이 나의 감정이 아니라, 한없이 연약한 어린 생명의 고통에서 온 불쾌감이라는 것을 깨달을 수 있다. 그리고 어떻게 해야 그것을 해결할 수 있을지도 잘 알고 있다. 아기를 달래 주거나 약을 주는 것처럼 말이다. 그리하여 결국 엄마 아빠는 아기를 들어 안고 어르고 달래며 아기의 고통을 덜어 준다. 아기 입장에서는 너무나 신기하게도 울기만 했더니 불쾌감이 사라지게 된 셈이다.

어떤 감정인지, 어디서 온 감정인지 구분할 수 없이 아기는 일단 자신의 감정을 엄마에게로, 아빠에게로, 옆에 있는 누군가에게로 집어 던진다. 그렇게 할 수밖에 없다. 나보다 성숙한 누군가가 대신 아파해 줄 수 있도록 말이다.

감정 떠안기,
갈 곳 없는 감정이 내게로 오다

어느 날인가 외래에 30대 후반의 여성이 우울감을 호소하며 찾아온 일이 있었다. 여성은 아이를 맡길 곳이 없었는지 이제 겨우 4살은 될까 싶어 보이는 남자아이를 데리고 외래 진료실 안으로 함께 들어왔다. 그 여성은 처음에는 아들이 혹시 듣지 않을까 조심스레 이야기를 시작했지만 얼마 지나지 않아 울음을 터뜨리며 그동안의 고민거리들을 늘어놓기 시작했다. 이야기인즉슨 남편과의 다툼이 끊이질 않아 이혼을 생각하고 있는데 너무나 고민되고 힘들다는 것이다. 그 여성은 결혼 5년차이지만 성격 차이로 거의 매일을 다투고 있었다고 했다. 때로는 집에서 물건이 날아다니고 유리창이 깨지는 일이 있기도 할 정도로 그 여성의 결혼생활은 완전히 파탄이 나 있었다. 여성은 남편을 향한 원망, 분노를 늘어놓던 중 결국 눈물을 주체하지 못하고 한참을 흐느끼기 시작했다. 그 여성에게 내가 안타까운 마음으로 휴지를 들이밀고 있을 때, 갑자기 남자아이가 적막을 깨고 끼어들었다. 엄마가 이야기하는 동안 내내 의자에 앉아 다리를 흔들며 핸드폰만 들여다보고 있던 그 아이는 갑자기 이렇게 이야기했다.

> "나는 엄마랑 아빠가 왜 싸우는지 알아요. 내가 맨날 어린이집에 가기 싫다고 떼쓰거든요. 그리고 밥도 잘 안 먹고요. 저도 다 알아요. 엄마랑 아빠가 저 때문에 맨날 싸우는 거예요."

갓 태어난 후엔 아직 자아가 없지만, 아기도 시간이 지나며 점차 '나'라는 개념을 만들어 가기 시작한다. 엄마 아빠와 활발히 소통하면서, 그리고 태어나서 처음 보고 듣는 수많은 것들과 자기 자신을 비교하면서 자아를 만들어 가기 시작한다. 그리하여 점차 나와 남, 나와 밖, 나와 내가 아닌 것들을 구분하기 시작한다. 단순히 '이 팔이 내 팔이다'를 깨닫는 것뿐 아니라, '이 생각이 내 생각이다', '이 소리가 내가 듣는 소리이다'와 같은 개념들, 그리고 '이 감정이 내 감정이다'와 같은 고차원적인 구분들까지 가능해지기 시작한다. 자아의 경계가 확립되어 가기 시작하는 것이다.

그렇지만 아직 성숙한 성인의 그것이라고 말하기는 어렵

다. 아이들의 미성숙한 자아가 갖는 중요한 특징 가운데 하나인 '자기중심성Egocentricity' 때문이다. 모든 것을 자기중심적으로, 이제 막 깨닫게 된 자아를 중심으로 해석한다는 의미이다. 가장 원시적인 수준의 자아를 갖게 되었을 때의 자기중심성은 우리가 쉽게 생각하기 어려울 정도로 굉장히 많이 왜곡되어 있다. 예를 들어 눈앞에 보이는 팔이 이제 드디어 자기 손임을 알게 된 아기가 팔을 휘적휘적 움직여 본다고 하면 어떨까. 그러면 아기는 눈앞에서 팔이 움직인다고 받아들이지 않는다. 아기에게는 팔은 가만히 있고 주변의 세상이 휘적휘적 움직이는 것처럼 느껴진다. 마치 옛날 사람들이 하늘을 보며 태양이 지구주위를 빙글빙글 돈다고 생각했던 것처럼 말이다. 조금 더 커서 숨바꼭질을 할 수 있게 된 아이들 같은 경우에는, 꼭꼭 숨어라! 하면 눈만 쏙 가리는 귀여운 행동을 하곤 한다. 내 눈에 엄마가 보이지 않으면 엄마도 나를 볼 수 없다고 생각하기 때문이다. 이제 막 '나'를 깨달은 아이에게 세상은 자기중심적으로 받아들여질 수밖에 없다.

자기중심성은 기본적으로 아이가 자아의 경계를 제대로 확립하지 못했기 때문에 생기는 특성이다. 앞서 이야기하였듯 아이들은 어떤 자극이 발생했을 때, 그것이 나의 자아 안쪽에 있는 것인지, 아니면 내 바깥에서 일어나는 것인지를 잘 구분하지 못한다. 이제 막 미숙한 자아를 조금씩 만들어 가는 대부분 아이들의 입장에서는 '내가 어떤 사건을 인지한다'는 사실과 '이것은 나의 사건이다'는 사실을 구분하기 어렵다. 어떤 사건이 '나'에게 인지되면 그것은 곧 '나의 사건'이다. 대부분의 사건들을 경계의 안쪽으로 받아들이게 된다. 자기중심성을 갖게 되는 것이다. 이러한 특성은 물론 아이가 자라날수록 점차 사라지지만, 3~4살 남짓 된 아이에게는 여전히 자기중심성이 남아 있다. 갓난아기 때처럼 내가 마음먹은 대로 주변이 휘적휘적 움직이는 것이 아니라는 것쯤이야 알게 되지만, 여전히 세상 모든 일이 자기와 관련되어 있다고 느낀다. 자신이 보고 듣고 느끼는 모든 사건들은 자기의 자아 경계 안쪽에서 벌어지는 일들이라고 받아들이는 것이 자연스러운 나이이다. 그때 내 외래를 찾은 여성 옆에 앉아 있던 꼬마 아이에게도 마찬가지였을 테고 말이다.

부모의 다툼은 사실 어린아이로서는 이해하기 어려운 수준의 내용들이다. 성인의 입장에서야 다툼이 사소한 일일 수 있지만 3~4살 어린아이로서는 사소한 일인지 아닌지 알 수 없다. 어른들이 대충 '성격 차이'라고 무마하는 그 갈등들을 아이들이 속속들이 알 턱이 없다. 다만 그 다툼에서의 감당하지 못할 엄청난 감정만이 아이의 마음 안으로 파도처럼 밀고 들어올 따름이다.

부부싸움의 현장에서 엄마와 아빠 각자도 감당하지 못해

마구 퍼져 나온 감정들은 대부분 분노, 짜증, 경멸, 슬픔, 외로움 등의 불쾌한 것들 투성이다. 그러한 감정들은 아이가 이제 갓 만들어 낸 자아의 유약한 경계를 뚫고 들어간다. 가정 내 작은 전쟁 속에서 4살 꼬마 아이도 함께 불안해하고 슬퍼하고 분노하게 된다. 그렇지만 아이는 그 감정이 어디에서 튀어나온 감정인지를 구분하지 못한다. 이 감정이 나와 사실 별 상관없는 주제로 싸우고 있는 엄마 아빠의 감정에서 전염된 것뿐이라는 사실을 깨닫지 못한다. 아이의 세계는 자기중심적이기 때문이다. 아이에게 그 감정은 온전히 자신의 자아 경계 안쪽에서 발생한 그것과 다름이 없다. 아이에게 부모의 싸움은 그저 부모의 싸움이 아니다. 소리 지르며 울부짖는 엄마의 모습을 아이는 자기한테서 비롯한 것으로 받아들인다. 그것이 내 안의 어떤 것 때문에 생긴 것인지는 정확히 모르겠지만 분명 자기 때문에 그러는 것이라고 느낄 수밖에 없다. 아이에게는 지금 자기 안에 들끓게 된 두려움과 분노가 먼저이고 그 결과가 엄마 아빠의 전쟁이 되는 것이다. 아이는 어떻게든 그것을 설명할 무엇인가를 찾아야 한다. 왜 이렇게 두렵고 무서운지, 무엇이 엄마 아빠를 저렇게까지 싸우게 만들었는지 말이다.

"아, 생각해 보니 내가 오늘도 어린이집에 가기 싫다고 했지! 그때 엄마가 엄청 짜증을 내던데… 반찬 투정할 때도 그랬었고…. 엄마가 '너 때문에 못살겠다'라고 했던 것 같네… 그래. 그것 때문이구나. 그래서 그런 거였구나."

아이에게 부모는 세상의 전부다. 그런 부모가 으르렁거리며 싸울 때에 아이의 세상은 갈가리 찢어진다. 그리고 세상을 찢어 낸 그 책임을 아이는 전부 스스로 떠안고 만다. 아이는 자신의 세계를 찢어 낸 사건을 마음속에 그대로 품게 된다. 자아의 경계 안쪽 깊숙이, 자기 자아의 일부로 깊숙이 품게 된다. 엄마 아빠의 다툼에서 옮겨 받은 분노와 두려움, 슬픔과 불안을 그대로 떠안는다. 하지만 아이 역시 그 무서운 감정들을 감당해 내지는 못한다. 부모조차 감당하지 못한 강렬한 분노를 아이가 감당해 낼 수 있을 리 없다. 갈 곳 잃은 그 감정들은 결국 아이의 마음속 갈라진 자아의 틈새에 뼈아프게 새겨지고 만다. 아이에게 '나'는 부모를 갈라내어 마땅한, 결함 있는 존재로 각인되어 버린다.

나는 왜 이토록 힘든 것일까

1

'옷깃만 스쳐도 인연이다'라는 말이 있다. 불가에서 흔히 쓰이는 말로 사소한 인간관계라고 하더라도 전생의 깊은 인연일 수 있으니, 소중히 여기라는 뜻이다. 전생이라는 것이 있는지는 모르겠지만, 말이야 좋은 말이지 사실 모든 인간관계를 그렇게 소중히 여길 수는 없다. 때로는 원수 같은 인간관계도, 치가 떨리는 관계도 있게 마련이다. 원수까지는 아니라 하더라도 가급적 앞으로는 보지 않았으면 하는 정도의 관계들은 차고 넘친다. 옷깃만 스쳐도 깊은 인연이라고 소중히 여기기에는 우리의 삶이 너무 팍팍하다. 방금 옷깃만 스친 저 사람과 내가 전생에 어떤 인연이었는지는 사실 별 관심이 없다. 다만, 그것만은 분명하다. 옷깃만 스쳐도 우리는 감정을 주고받는다. 우리가 전혀 느끼지 못하는 순간에도, 심지어 정말로 옷깃만 스치고 지나가는 사이에도 우리는 감정을 주고받는다.

갑작스럽게 고백하자면 나는 길가에서 모르는 사람들에게 대쉬를 받아 본 경험이 많다. 대부분 젊고 아리따운 여성분들이었다. 심지어 집 앞 마트에 가면서 슬리퍼에 후줄근한 티셔츠 차림인데도 하루에 두 번도 넘게 대쉬를 받아 본 경험까지 있다. 아무리 후줄근한 차림이라도 나의 매력을 숨길 수가 없었던 뭐 그런 거 아니겠는가. 하여간 인기가 많다는 것도 썩 좋지만은 않다. 고달픈 부분이 있단 말이다. 혼자 오셨던 여성분도 있고, 두셋 정도가 함께 와서 말을 건 적도 있었다. 다들 하는 이야기들도 비슷했다. 나한테서 좋은 기운이 느껴진다나 뭐라나….

좋은 기운이 느껴진다는 게 정확히 어떤 건지는 모르지만, 굳이 그런 단체(?)에서 나오신 분들이 아니더라도 우리는 그런 '기운' 비슷한 걸 잘 느낀다. 그분들도 그랬듯, 우리도 단지 옷깃만 스쳤는데 그런 기운을 느끼곤 한다.

항상 붕붕 들떠 있고 벙글벙글 웃으며 신나하는 사람에게서는 즐거운 기운이 전해진다. 그런 사람 곁에서는 왠지 모르게 나도 기분이 좋아진다. 우울과 고독에 찌들어 축축 쳐져 있는 사람 곁에서는 슬픔, 우울 그런 기운이 전해진다. 괜히 나도 기분이 쳐진다. 마구 불안해서 안절부절못하고 초조해하는 사람 곁에서는 나도 덩달아 불안해지기도 하고 말이다.

앞서 말했듯 감정은 쉽게 전염된다. 감정은 사람들 사이의 경계를 쉽게 뚫고 들락거린다. 굳이 서로에게 깊이 얽힌 사이가 아니라도, 옷깃조차 스치지 않아도 감정은 쉽게 교환될 수 있다. 아무리 사소하고 표면적인 만남이라 할지라도 감정은 서로와 서로 사이를 오간다. 대부분은 우리가 인식하지 못하지만 말이다. 물론 우리의 경계가 그렇게 쉽게 타인의 무언가로부터 침입당한다는 것이 썩 기분 좋지는 않을 수 있다. 그렇지만, 그런 감정의 전염성이 없다면 우리는 서로에게 공감할 수 없다. 다른 사람의 아픔을 함께 아파하며 슬픔을 덜어 내고, 좋은 일은 함께 공유하며 기쁨을 두 배로 불려 주는 관계의 기적은 감정의 전염으로부터 이루어진다. 우리가 '사람다움'을 느끼는 순간, '사람 냄새'를 맡을 수 있는 순간은 우리가 함께 머리를 싸매고 생각하는 순간이 아니다. 오히려 우리가 함께 감정을 공유하는 순간이다.

그렇지만 이 관계 속 감정의 마법은 우리를 지치고 고되게 하기도 한다. 아니 그런 순간이 단연코 더 많을 것이다. 다른 사람과의 관계로 불안해하고 슬퍼하고 분노하고 고통스러워한다. 그것이 직장상사가 되었건 남편이 되었건 부모가 되었건 친구나 모르는 사람이 되었건 간에 말이다. 우리는 분명 관계 속에서 괴로워한다. 관계 속을 오가는 감정들에 치이고 압도된다. 왜 이토록 힘든 것일까. 자, 바로 이것이 핵심이다. 우리는 왜 이토록 사람과 사람 사이에서 괴로워하고 있는 것일까.

어쩌면 그 비밀은 앞에서 이야기했던 아기의 마음에서 열쇠를 찾을 수 있을지 모른다. 아기의 마음, 우리 모두가 지나온 어린 시절의 마음. 어쩌면 우리는 그 마음으로 겪었던 고통과 똑같은 고통을 다 큰 어른이 되어서도 매 순간 재현하고 있는 건지 모른다. 지금 내 마음속에 참을 수 없이 들끓고 있는 이 불안, 이 분노가 과연 누구 것인지를 모르고 허둥거리고 있는 것일지 모른다. 아직 자아의 경계가 무르익기 전이었던 아기 때와 똑같이 지금도 때때로 안과 밖을 구분하지 못한 채 무엇이 나인지, 뭐가 내 것인지를 혼동하고 있을지 모른다. 누구 것인지도 모를 감정의 파도에 휩쓸려 결국 나 자신이 누구인지, 내가 어디에 있는지를 영영 놓쳐 버린 채로 말이다.

2

빌리 밀리건이라는 사람은 24개의 인격을 가지고 있었다고

한다. 그는 다중인격장애(해리성 주체장애, Dissociative Identity Disorder)
의 대표적인 케이스로 가장 유명하다. 빌리 밀리건은 유년기
에 수많은 트라우마와 성적 학대를 받으며 성장했고 그 결과
24개의 분열된 인격들을 한 몸에 가지고 있게 되었다. 24개
의 서로 다른 인격들은 각자 나이와 성별, 성격, 말투에서부
터 출신지와 언어까지 모두 달랐다고 한다. 그를 보고 있노라
면 정말 어떻게 같은 몸 안에 저렇게 다른 사람들이 들어 있
을 수 있을까 하는 놀라움이 든다.

다중인격장애가 서구권에 비해 우리나라에서는 상대적으
로 무척 드문 질환이긴 하지만, 실제로 내가 있던 병원에 입원
했었던 한 다중인격장애 환자는 각각의 인격들이 나타날 때마
다 뇌파의 기본 파형까지 달라지는 모습을 보였었다.

다중인격장애를 앓고 있는 환자 케이스들은 보통 사람들
로서는 도저히 이해하기 힘든 면이 많다. 한 사람의 몸에 전혀
다른 자아들이 여럿 모여 있는 모습은 아주 기괴하고 공포스러
워 보이기까지 한다. 그래서인지 실제로 영화나 소설 등에 자
주 사용되고 있는 소재이기도 하고 말이다. 다중인격장애에 대
해 공부하다 보면 실제로 저런 병이 있기나 한 건지, 한 사람이
저렇게 다른 자아들로 분열되는 것이 가능하기나 한 건지 하는
의문이 들곤 한다.

하지만 빌리 밀리건처럼 심각하게 병적인 자아분열을 겪지는 않더라도, 우리 모두 역시 각각 여러 개의 자아들을 한꺼번에 가지고 있다. 다들 쉽게 인식하지는 못하지만, 우리에게 자아가 분명하게 통합된 하나로 존재하는 것만은 아니다. 다중인격장애처럼 성별, 나이까지 다르진 않다 하더라도 우리는 조금씩 다른 인격들을 여러 개 가지고 있다. 직장상사 앞에서의 나, 학교 후배들 앞에서의 나, 여자친구 앞에서의 나, 부모님 앞에서의 나, 혼자만 있을 때의 나처럼 말이다. 이런 각각의 모습들은 그저 똑같은 '나' 한 명이 그때그때마다 다른 가면을 쓰는 것뿐이라고 생각하기 쉽다. 하지만 좀 더 진지하게 돌아보면 그 모습들은 분명 조금씩 다른 각각의 인격체에 더 가깝다. 우리는 어떤 일관된 하나의 자아를 중심에 단단하게 붙들고 그 겉모습만을 상황에 따라 다르게 연기한다기보다는, 그때그때 상황에 맞춰 아예 조금씩 다른 사람이 되는 편을 택하고 있기 때문이다. 아니 어떤 때는 조금씩의 수준을 넘어 말투와 성격, 언어 등이 전혀 다른 사람처럼 달라지기도 한다. 밖에서는 차가운 도시 남자이지만 내 여자에게만은 따뜻한 차도남처럼 말이다. 제아무리 예의 바르고 건실한 청년이라 할지라도, 마음속 깊은 곳에는 폭력적이고 음란한 자아를 가지고 있을 수 있다. 비록 그것이 아무도 모르고 혼자만 알고 있는 모습이라 할지라도 말이다. 우리 모두 가끔은 나마저도 깜짝 놀랄 만큼 서로 다른 모습과 인격의 자아들을 내 안에 여럿 가지고 있다.

빌리 밀리건의 24개의 자아 중 데이빗이라는 인격은 8살 짜리 남자아이였다. 데이빗은 여러 자아들 중에서 고통과 슬픔, 학대를 감내하는 역할이었다고 한다. 어린 시절 빌리 밀리건이 학대받으며 고통받던 순간들을 견뎌 내고 떠안는 역할이 데이빗의 역할이었다. 빌리 밀리건이 데이빗의 인격을 보일 때에는 그저 아무 저항도 할 수 없이 학대당할 수밖에 없었던 8살 남자아이의 그 모습 그대로 돌아갔다. 8살짜리 아이처럼 말하고 행동했다. 데이빗뿐 아니라, 그에게는 3세 여자아이인 크리스틴이라는 인격도 있었다. 크리스틴은 아예 언어 자체를 사용할 줄 몰랐다고 한다. 빌리 밀리건은 아주 명확하게, 기괴할 만큼 명확하게 마음속 어린아이로 퇴행할 수 있었다.

데이빗이나 크리스틴 정도까지로 분명하게는 아니지만, 우리에게도 사실 마찬가지로 마음속에 어린 시절 그대로 멈춰 버린 아이가 하나씩 남아 있다. 지금은 다 커버린 척, 성숙한 척하느라 깊이 감춰 두고 있을 테지만 말이다. 각자 마음속에는 어린 시절 그때와 똑같이 생각하고 똑같이 느끼던 어린아이의 자아가 아직 불안한 눈빛으로 웅크리고 있다.

다 성장하지 못한 아이, 안팎을 혼동하다

1

성장한다는 것은 '스스로 살기'와 '더불어 살기'를 해낼 수 있게 되는 과정이다. 다른 사람에게 매여 있는 존재에서 벗어나 주체적으로 자신의 삶을 영위해 나가는 '스스로의 삶'과 다른 사람들과의 관계를 유지하고 사회적 구성성을 확립해 나가는 '더불어 사는 삶'을 살 수 있게 되는 것이다. 다시 말해 성장은 개인화와 사회화를 동시에 성취해 나가는 과정이다.

하지만 사실 우리의 성장은 그렇지 못하다. 정말로 개인화와 사회화를 완전하고도 성공적으로 성취해 낸 사람들은 교과서 속 몇몇 성인들의 모습에서만 본 것 같다. 우리는 모두 어느 정도 개인화되지 못하고 사회화되지 못한 채로 살아가고 있다.

다만 개인화된 척, 사회화된 척하면서 살아갈 뿐이다. 스스로 혼자 살아갈 수 있는 척, 다른 사람들과 더불어서 살아갈 수 있는 척하며 우리는 스스로를 속이고 설득하고 강요하며 살아간다. 그렇지 않고서는 어른 취급을 받을 수 없기 때문이다. 그러나 우리는 모두 미성숙하다. 마음속 깊은 곳에 아직 성장해 내지 못한 어린아이를 하나씩 품고 살아가고 있다. 그 어린아이는 스스로 살아가고 싶은 마음도, 더불어 살아가고 싶은 마음도 없다. 스스로 살기란 외로움을 견뎌야 하고 더불어 살기란 관용을 감당해야 하기 때문이다. 우리는 모두 외롭고 싶지 않고 그렇다고 인내하고 싶지도 않다. 내키는 대로, 하고 싶은 대로, 내 맘대로만 하고 싶다. 그러면서도 다른 사람들은 나를 조건 없이 좋아해 주고 함께 해주고 시키는 대로 해줬으면 좋겠다. 우리 모두 그런 제멋대로의 아이를 마음속 하나씩 숨기며 살아가고 있다.

개인화된 척, 사회화된 척이라고 이야기하긴 했지만, 제멋대로인 어린아이가 그 척을 배워 가는 과정은 결코 순탄치 않다. 내 맘대로 하고 싶고, 다른 사람은 그냥 나를 좋아라만 해줬으면 좋겠지만 그럴 수 없다는 현실을 부딪혀 가는 과정들은 아이에게는 크고 작은 트라우마를 준다. 예를 들어, 이제 막 배변교육을 받는 아이가 내 마음대로 변을 볼 수 없다는 현실을 마주하는 것은 트라우마일 수밖에 없다. 가르침이 아니라 분명

트라우마이다. 아이로서는 이해할 수 없다. 어른이 설명하는 깨끗함이니 더러움이니, 불편함이니 예의니 하는 것들은 이해할 수 없다. 이해되지 않는 의무는 의무 이전의 생활을 상실시킨다. 상실은 곧 트라우마이다. 모든 아이들은, 우리들은 이렇게 모두 트라우마를 겪으며 자라난다. 트라우마는 어린아이에게 성장하는 법을 친절히 가르쳐 주지 않는다. 트라우마는 그저 상실을 받아들여야만 하는 현실로서 새겨질 뿐이다. 그래서 결국 우리는 성장하는 '척'을 한다. 성장하는 척하면서 마음속에 또 다른 자아를 하나씩 만들어 간다.

> 미성숙한 채로 마음속에 남은 어린아이를 가르치고, 타이르고, 잠재우면서 어른으로서의 역할을 대신 해줄 수 있는 자아들을 말이다. 우리는 개인화, 사회화하기 위한 또 다른 나를 만들어 갈 수밖에 없다.

에릭 에릭슨이 이야기한 진정한 의미의 자아통합이란 것은 이러한 무수한 자아들을 진정한 하나의 자아로 통합해 나가는 것을 의미하기도 한다. 트라우마가 만들어 낸 무수한 자아들이 진정으로 서로를 이해하고 서로가 결국은 하나였음을 깨닫는 해탈과도 같은 경지 말이다. 하지만 아직 우리가 그런 경지에 이르기는 요원하기에, 우리는 때때로 미성숙한 어린아이의 자아를 드러내는 순간들이 많다. 마음속 꽁꽁 감춰 둔 어린 아이의 제멋대로인 행동들이 부지불식간에 튀어나오곤 한다. 때로는 자아의 경계가 너무나 유약하던 어린아이 시절의 습관들에 몸을 맡겨 버리게 되는 순간들이 있다. 안과 밖을 구분하지 못하고, 지금 내 안의 이 감정이 누구의 것인지, 지금 나를 지치게 하는 이 마음이 누구의 마음인지를 혼동하게 되어 버리는 순간들 말이다. 내 감정을 다른 사람들에게 집어 던지거나 다른 사람들의 감정을 무겁게 떠안게 된다. 그리고 그 순간들 속에서 우리는 점점 관계에 피로해져만 간다. 관계에서 얽히는 마음들 사이의 경계를 확인하기가 점점 버거워진다.

2

내 진료실을 찾았던 한 30대 여성은 상담 시간마다 눈물을 흘리며 본인의 서러움을 토로했었다. 어릴 때부터 그녀의 부모님은 늘 그녀를 이용하고 부려 먹어 왔다고 이야기했다. 그녀는 부모를 위해서 오랜 꿈인 가수를 접어야만 했다고 했다. 부모 때문에 지금 자기가 정말 하고 싶었던 음악을 하지 못하고 별 볼일 없는 아르바이트나 하고 있는 것이라고도 했다. 심지어 다 큰 성인이 된 지금도 부모가 자신에게 바라는 것이라고는 어떻게든 더 돈을 받아 내려고 하는 것뿐이라고 했다.

그녀를 착취하고 있는 것은 부모뿐만이 아니었다. 지금 다니는 직장 사람들도 늘 그녀를 이용하는 것 같다고 했다. 자기를 만만하게 본다고 했다. 겉으로는 좋은 사람이라고 추켜올려 주면서 꼭 그녀에게만 잔업을 떠밀고 야근을 시키면서 자신을 이용한다는 것이다. 그 사람들 때문에 지금 회사도 곧 그만둘까 생각중이라고 했다. 그녀의 친구들도 마찬가지였다. 그녀가 친구들의 힘든 이야기를 열심히 들어주고, 안타깝게 여겨서 밥도 사주고 술도 사주고 하면 결국은 그녀의 그런 선의만 이용해 먹고 쏙 사라지는 경우가 많다고 했다. 유일하게 속내를 다 털어놓을 수 있는 친구가 있었지만, 그 친구도 결국 그 여성을 다른 친구들과 이간질하고, 그 여성의 비밀을 다른 친구들에게 퍼뜨린다는 이유로 절교하게 된 상황이었다. 그녀 주변엔 친한 친구가 거의 없었다.

그날도 그녀는 지인의 소개로 알게 되었던 남성이 결국 자신에게 잠자리만을 요구하며 이용하려 한다는 사실을 느꼈다며 분노와 슬픔을 나에게 털어 내고 있었다. 그녀가 몰래 뒷조사를 해보았더니, 사실 그 남성이 원래부터 소문이 안 좋았다던 이야기도 덧붙여 주었다. 묵묵히 그 이야기들을 들으며 위로를 건네던 나는 그녀에게 넌지시 물었다.

"○○○님 주변에는 항상 나쁜 사람들만 있는 것 같네요?"

그 여성은 그 질문을 꽤나 공격적으로 받아들였다. 내 주변에 항상 나쁜 사람만 있다는 것은 달리 말하면 내가 항상 주변 사람 욕을 해댄다는 뜻일 수도 있기 때문이다. 항상 주변 사람들 탓을 하면서 주변 모두를 나쁜 사람으로 만든다는 것이다. 물론 객관적으로 내 주변에 나쁜 사람이 있을 수 있다. 세상에 모든 사람들이 착하기만 한 것은 결코 아니다. 나쁜 사람들은 분명 우리 주위에 있다. 그리고 그들은 우리를 분노하고 슬퍼하게 만든다. 그렇지만 유독 내 주변에 항상 그런 사람들만이 들끓고 있다고 한다면 조심스럽게 돌이켜 볼 필요는 있다. 지금 내가 느끼고 있는 이 분노와 슬픔이라는 감정의 근원이 과연 정말로 저 사람 때문이 맞는지를 말이다.

불쾌한 감정들은 우리를 힘들게 한다. 분노하게 하고 불안하게 하고 슬퍼하게 한다. 이런 감정들에 가장 취약한 것은 우리 마음속 여러 자아들 중 단연코 미성숙한 어린아이다. 어린아이는 불안해하고 불편해하며 징징거리고 울부짖고 싶다. 있는 대로 분노를 폭발시키고 싶다. 그러나 우리는 더 이상 어린아이가 아니다. 우리에게는 불쾌감으로 몸 달아 하는 어린아이를 타이르고 달래고 꾸짖을 수 있는 마음속 다른 자아들이 여럿 있다. 우리는 제멋대로 날뛰려는 어린아이를 억누르고 개인화, 사회화된 척을 해내야만 한다. 안 불편한 척, 안 불쾌한 척 하면서 말이다. 그러나 우리가 미처 그 불쾌감들을 감당해 내지 못하는 순간, 그 어린아이는 기다렸다는 듯 우리의 마음들 사이를 비집고 나온다. 빌리 밀리건처럼 진짜로 아이가 되지는 않는다고 하더라도 어릴 때의 모습을 드러내고야 만다.

　과도하게 남 탓만을 해대고 있는 내 모습을 스스로가 발견하게 되는 순간 역시 마찬가지이다. 사실 나는 마음속 아이가 어린 시절 그랬던 것과 똑같이 지금의 분노가 어디서 왔는지를 헷갈려 하고 있을 수 있다. 내 마음속 분노와 슬픔, 억울함과 수치심 등이 사실은 내 안에서 튀어나온 것임을 구분하지 못하고 밖에서 들어온 감정이라고 착각할 수 있다. 어린 시절 감당할 수 없는 내 감정을 주변에서 들어온 감정들과 구분하지 못했던 것처럼 말이다. 어린아이는 배탈의 아픔과 옆 사람이 꼬집은 팔뚝의 아픔을 구분하지 못한다. 아기는 배탈로 낮잠에서 깬 뒤에도 나에게 그 분노를 퍼부을 수 있다. 구분되지 못하는 감정은 종종 혼동되게 마련이기 때문이다. 내 진료실을 찾았던 그 여성의 분노에 찬 뒷담화에서도 역시 그랬을지 모르는 일이고 말이다.

화낼 준비, 화를 던질 준비

1

내 안에서 발생한 불편한 감정이 다른 사람에게서 들어온 것으로 혼동하게 되는 과정은 어렵게 말하면 '투사Projection' 혹은 '전치Displacement'라는 단어로 표현될 수 있다. 투사와 전치는 둘 다 자아의 경계가 약화된 결과라고 할 수 있다. 내 감정과 바깥의 감정을 제대로 구분하지 못한 것이기 때문이다. 앞에서 이야기했던 [자극] → [감정] → [분석, 판단] → [느낌, 생각, 행동]의 단계 중, [감정]이 어디에서 왜 나타났는지 [분석과 판단]하는 과정에서 발생하는 오류이다.

투사와 전치의 차이점은 최초 자극에서 발생한 그 [감정]이 최종적으로 어느 정도로 인식되는가에 달려 있다. 애초에 처음 발생했던 불쾌한 감정을 어느 정도 인식하고 있긴 하지만, 단지 그 대상을 착각하고 있는 것이라면 그것은 전치라고 이야기할 수 있다. 그러나 그 감정에 대한 판단과 해석이 심하게 왜곡되어서 최초의 불쾌감을 유발한 감정이 아예 인식되지 못한다면 그것은 투사에 가깝다고 해야 한다. 즉, 좀 더 자아의 경계가 미약하던 시기의 아기가 보이던 모습과 더욱 비슷하다. 그래서 실제로 감정을 투사하는 사람들은 자신이 다른 사람들에게 이용당하고 속임당하고 있다고 생각하지만, 그 생각을 만들어 낸 원래의 감정은 잘 인식하지 못한다. 그래서 잘 인정하지 못한다. 대표적으로는 의처증, 의부증을 생각할 수 있다.

병적으로 심한 의처증을 보이는 사람들은 아내가 바람을 피우고 있다고 확신하며 아내의 부정에 집착하고 구속하려 든다. 하지만 좀 더 깊이 들어가 보면, 그런 사람들의 무의식적인 속내에는 사실 '아내가 떠나갈지도 모른다', '내가 버림받을지도 모른다'는 불안이 자리 잡고 있다. 그런 불안은 '나는 부족하다', '나는 사랑받지 못할 것이다'와 같이 낮은 자존감에서 샘솟는 불안이다. 마음속 깊은 곳 내면적인 자아가 불안정한 것이다. 그리고 불안정한 자아는 그 경계를 쉬이 잃어버린다.

경계를 잃은 자아는 마음속 어린아이의 판단에 지배당할 수밖에 없다. 아직 자아가 다 자라나지 못해 경계가 불안정했던 그 어린아이 말이다.

그래서 결국 그 불안한 어린아이의 자아는 '내가 버림받을지 모른다', '나는 부족하다' 같은 내적인 불안과 우울, 분노를 바깥에서 온 불쾌감으로 잘못 해석해 버리고 만다. 바깥이 아닌 오롯한 자기 탓으로 그 불안을 모두 끌어안기에는 그것이 너무나 버겁기 때문이다. 감당해 내지 못하는 감정을 투사해 버리고 만다. 그 결과 그 감정은 잘못 판단, 해석되어 '아내가 바람을 피우고 있다'라는 결론으로 이어져 버린다. 그리고 그 오류는 너무나 자연스럽고 직관적이어서 이 일련의 과정들을 순식간에 끝마친다. 자신이 인식하지 못하는 사이에 명확한 확신으로 도달해 버린다. 결국 감정은 사라지고 '아내가 바람을 피운다'는 생각만이 남게 된다. 자신에 대한 불안이 아내의 부정으로 투사된 것이다. 그리고 아내가 부정을 저질렀다는 생각은 하나의 사실로 굳어지며 또 다른 자극이 된다. 배신당했다는 맹렬한 분노에 불을 지필 자극으로 말이다.

전치는 그보다는 조금 덜하다고 이야기할 수 있겠지만 기본적인 원리는 비슷하다. 전치의 가장 흔한 예시는 바로 '종로에서 뺨 맞고 한강에서 화풀이하는 격'이라는 속담이다. 다른 어떤 사건 때문에 지금 내 안에 불쾌감이 부글부글거리고 있는데 그걸 어찌해야 할지 몰라 안절부절못하다가 전혀 다른 엉뚱한 곳에서 쏟아 내게 된다. 투사와 마찬가지로 불안과 분노 같은 [감정]들이 [분석, 판단]되는 과정에서 그것이 전혀 다른 외부의 대상에서 들어온 것이라고 착각하게 되는 과정이다. 그러나 투사와 달리 전치의 과정에서는 최초의 그 [감정]이 숨겨지지는 않는다. 그 감정 그대로를 쏟아 내게 된다. 사실 우리는 누구나 조금씩은 일상에서 전치를 통해 감정을 드러낸다. 직장상사나 선생님에게 부당하게 혼난 뒤에 잔뜩 화가 났는데, 친구가 평소와 똑같이 장난을 치자 버럭 화를 내본 경험이 누구에게나 있듯 말이다. 이런 경우에는 윗사람에서 혼나면서 생긴 '분노', '억울함'이 마음속에서 갈 곳을 잃은 채 부글부글 끓고만 있던 상황에서 출발한다. 이 시점에서는 그 윗사람 때문에 화가 났다는 사실이 인식될 수도 되지 않을 수도 있다. 그러나 분명한 것은 부당하게 꾸중을 들은 상황은 이미 지나가 버렸고, 마음속의 불쾌감은 이미 나 스스로의 내적인 감정이 되었다는 것이다. 직장상사의 사무실 문을 나서는 순간 그 감정은 억울하게도 나의 개인적이고 내부적인 감정이 되어 버린다. 그러나 좀처럼 감내하기 힘든 불쾌감이다. 잘 억눌러지지 않는다. 그때 친구가 평소처럼 짓궂은 농담을 던진다. 그러면 나도 모르게 지금 내 안에서 끓고 있던 이 분노에 대해 '아, 이놈이 나를 놀려서 그렇구나'라며 [판단, 해석]

하게 된다. 그 순간 마음의 경계가 잠시 흐릿해지고, 바깥에서 들어온 친구의 농담과 내 안에 있던 불같은 분노가 한데 섞여 버린다. 그러고는 친구에게 버럭 소리를 지르며 감내하기 힘들었던 불쾌감을 털어 버린다.

중요한 것은 투사냐, 전치냐를 구분하는 것이 아니다. 그런 것은 정신분석가의 몫이다. 중요한 것은 우리가 때때로 자기 안의 감정을 바깥으로 집어 던지고 있다는 것이다. 우리는 각자 마음속에서 생긴 불쾌한 감정이 마치 밖에서 들어온 것인 양 억울해하며 밖으로 그것들을 집어 던지곤 한다. 아직 자아가 유약하던 어린 시절의 '감정 던지기'와 다를 바 없이 말이다. 마음속에 남아 있는 미성숙한 자아는 흐릿해진 우리의 자아 경계 너머로 견디기 힘든 감정들을 마구 집어 던진다. 견딜 수 없는 감정을 그저 울음으로 주변에 집어 던지기만 하면 누군가가 다가와서 따뜻하게 얼러 주던 그때의 맹목으로 감정을 흩뿌리게 된다.

그러나 우리는 이제 어린아이가 아니다. 적어도 생긴 건 말이다. 견디기 힘든 감정을 집어 던지기만 하면 그걸 대신 처리해 줄 누군가는 이제 없다. 우리 마음속의 어린아이가 집어 던지는 감정은 그저 또 다른 갈등과 분노를 폭발시킬 관계 속 수류탄이 되고 만다. 푹푹 찌는 폭염에 불쾌해진 아이가 날카롭게 울어 대며 엄마를 괴롭히면, 엄마는 아이에게 기꺼이 부채질을 해준다. 하지만 지금 내가 너무 더워서 불쾌하다고 난데없이 옆 친구에게 빽 소리를 지른다면 그것은 결코 부채질로 돌아오지 않을 것이다. 내 마음속 아이는 어릴 때처럼 감정을 집어 던지지만, 이제는 그것이 더 크고 새로운 불쾌감을 불러오기만 할 따름이다. 감당하기 어려운 감정은 우리의 자아를 뒤흔들어 경계를 들쑤시지만 그 결과는 더 큰 혼란으로 돌아오게 된다. 몸만 훌쩍 커버린 어른의 껍데기 속에서 미성숙한 자아의 '감정 던지기'는 관계를 파탄 내는 혼란의 씨앗이 된다.

2

와인드업은 야구에서 투수가 공을 던지기 직전의 자세를 말한다. 모자 밑에 숨은 두 눈은 스트라이크 존을 향해 날카롭게 번득이고, 공을 잡은 두 손이 천천히 머리 뒤로 넘어간다. 한 쪽 다리는 학처럼 치켜올린 채 허리를 잔뜩 꼬아 온몸의 긴장이 팽팽한 와인드업 자세에서는 언제라도 투구를 뿜어낼 준비가 되어 있다. 감정을 여기저기 던져 대는 사람들의 마음 상태도 이런 와인드업 자세와 다를 바 없다. 언제든 감정을 집어 던질 태세로 마음속이 팽팽하게 준비 되어 있다. 그것도 어디로 튈지 모르는 변화구로 말이다.

여기저기 짜증과 화를 쏟아 내는 환자분들에게 내가 자주 하는 말 중 하나는 "언제든 화를 낼 준비가 되어 있으신 것처럼 보이네요." 라는 이야기이다.

실제로 마음속에 화가 가득한 사람들은 말 그대로 화낼 준비가 되어 있다. 누가 되었건 그 대상이 필요할 뿐, 폭발시킬 화를 마음속에 일발 장전하고 있다. 항상 이마를 찌푸리고 있고, 어디 화낼 구석이 없나 두리번거리고, 트집 잡을 구석을 샅샅이 찾는다. 그러다 아주 조금만 마음에 어긋나는 일들을 봐도 벌컥 화를 내고 만다. 음식을 조금 늦게 가져다준 종업원에게, 시끄럽게 떠드는 옆자리 아이들에게, 치마가 짧은 옆 좌석 젊은 처녀에게, 만원 지하철에서 몸이 부딪힌 젊은 청년에게 벌컥 역정을 쏟아 낸다. 물론 개중에는 정말 화를 낼 법한 일들도 있을 수 있다. 그러나 언제든 화를 낼 준비가 된 사람들은 거기에 얹어 자신의 마음속 처리되지 못한 감정들까지 함께 토해 내곤 한다. 자신은 정말로 그 일 때문에 화가 난 것이라고 착각하지만, 실은 거기에 묻혀 그 이전부터 마음속에 있던 감정을 쏟아 낼 핑계를 찾은 것일 뿐이다.

화를 낼 준비가 되었다는 말은 마음속에 분노가 가득 차 있다는 의미이기도 하고 동시에 마음의 경계가 약해져 있다는 의미이기도 하다. 마음속에 분노가 가득 차 있다고 해서 누구나 여기저기 그 화를 쏟아 내는 것은 아니기 때문이다. 마음속 경계를 단단히 붙잡고 성숙하게 그 화를 소화할 줄 아는 사람들도 분명 있다. 화를 여기저기 뿌려 대기 위해서는 가슴속 분노를 가득 채워야 할 뿐 아니라 그 화가 뚫고 나갈 내 마음의 경계선 또한 느슨하게 풀어져 있어야만 한다. 느슨해진 경계로는 마음의 안팎이 잘 구분되질 않는다. 그러면 마음속에서 부글거리고 있는 이 분노가, 내 마음을 뚫고 들어오는 아주 사소한 자극에도 시원하게 뿜어져 나갈 수 있는 것이다. 마치 그 사소한 자극이 이 어마어마한 분노를 모두 일으킨 것처럼 말이다. 커질 대로 커져 팽팽한 풍선이 조그마한 바늘구멍에도 뺑하고 터져 버리듯, 화낼 준비가 되어 있는 사람들은 언제든 터질 준비가 되어 있다.

감정은 전해진다. 감정은 평상시에도 쉽사리 사람과 사람 사이 마음의 경계를 지나다닌다. 그래서 감정을 여기저기 던져 내는 사람들 옆에서는 자연스레 덩달아 불쾌해지기 마련이다. 난데없이 나한테 소리를 지르는 사람 옆에서는 그 분노가 나에게도 똑같이 달아오르게 마련이다. 만약 내가 만원 지하철에서 옆 사람을 실수로 살짝 쳤다고 해보자. 내가 사과를 했는데도 그 사람이 나에게 고함을 지르며 상스러운 욕설을 마구 퍼붓고 나를 밀친다면 나도 짜증이 날 것이다. 아니 사실 좀 화가 날 것 같다. '이렇게까지 난리칠 일인가?', '이 사람은 뭐야?' 싶을 것이다. 그 사람이 집어 던진 그 분노는 나의 경계를 뚫고 들어와 나 역시 분노하게 만든다. 물론 그 감정은 바깥에서 들어온 분노임이 명확하다. 나의 내부에서 생겨난 분노는 아니다. 하지만 직장도 아니고 지하철인데 내가 오롯하게 혼자서 감당해 내야 할 필요는 없다는 생각이 든다. 나는 그 사람에게 불쾌한 시선과 함께 어이없다는 표정을 지어 준다. 다시 바깥으로 그 감정을 던져 준다. 상스러운 욕설에도 마찬가지로 뾰족한 말투로 대꾸해 준다. 어쨌든 나의 그 분노는 내 표정과 말투와 함께 다시 그 사람에게로 돌아간다. 그러면 그 분노는 다시 더욱 큰 분노로 되돌아온다. 더 큰 고함과 더 심한 욕설로 되돌아오는 것이다. 그러기를 반복하면서, 불쾌한 감정이 오가며 나와 그 사람 사이의 관계에서 각자의 경계는 점점 더 흐릿해진다. 분노가 둘 사이를 오가면서 경계에 구멍을 내고 점점 더 몸집을 불려 간다. 일상적이었던 퇴근길이 그렇게 파탄적인 관계로 나의 마음에 얼룩진다.

언제든 화를 낼 준비가 되어 있는 사람들은 파탄적인 관계를 빚어낼 불씨를 늘 들고 다니는 셈이다. 다른 사람들의 경계마저 갉아먹으며 혼란을 일으킨다. 그러면서 그 혼란과 상처는 반복되고, 그 반복 속에서 마음속 분노의 불씨는 더욱 강력하게 커진다. 악순환을 가속화한다. 분노의 와인드업이 더욱 팽팽해진다. 미성숙한 우리 마음속의 아이들이 내던지는 우리의 감정들은 그렇게 관계 속 혼란의 서막을 연다.

화를 떠안을 준비, 나에게 분노할 준비

투수가 마음 놓고 공을 던질 수 있는 이유는 든든한 포수가 맞은편에 앉아 있기 때문이다. 투수의 손을 떠난 공은 스트라이크 존을 지나 '퍼억' 하는 소리와 함께 포수의 글러브로 안착한다. 공을 던지는 사람이 있다면 마찬가지로 반대편엔 공을 받아 주는 사람, 혹은 그 공에 얻어맞는 사람이 있다. 누군가가 감정을 집어 던진다면 그 감정에 맞는 사람도 있을 수밖에 없다. 누군가는 난데없이 날아온 감정에 얻어맞고, 그것을 그대로 떠안는다. 그것도 아주 무겁고 고되게 떠안는다.

내가 주치의를 맡았었던 한 20대 초반의 여성은 습관처럼 손목을 그어 병동에 입원했었다. 커터칼이나 눈썹칼 등으로 손목을 긋는 행위는 이미 고등학생 때부터 수십 차례나 반복되어 왔고 그녀의 왼팔에는 흉터들이 마치 문신처럼 즐비했다.

최근 정신건강의학과에서는 비자살적자해NSSI-Non Suicidal Self Injury 를 진단하기 위한 논의가 진행 중인데, 그녀의 자해가 바로 그 NSSI에 가까웠다.

> 그녀는 "자살하고 싶어서요."라고 이야기하지 않고 그저 손목에 '칼질'을 한다고 표현했다. 손목을 그어 동맥을 끊으려 하기보다는 그냥 자신의 몸에 상처를 내고 싶어 했을 뿐이었다. 하루에도 수차례씩 손목을 칼로 긋고 피를 보아야만 한다는 충동에 시달리고 있었다.

그녀는 끔찍한 자기혐오에 빠져 있었다. 자신은 쓸모없고 살 가치가 없다고 이야기했다. 살아 숨 쉬고 있는 것 자체가 너무나 혐오스럽다고 이야기했다. 차라리 죽어 없어지는 것이 모두에게 더 도움이 될 것이라고 말했다. 그녀는 자기 자신에 대해서 이야기하기를 꺼려하고 수치스러워했다. 그녀가 매일 자기 손목에 상처를 내는 것은 끔찍한 자신에게 내리는 마땅한 징벌에 다름없었다.

그녀는 사실 아버지의 수치심, 그리고 아버지를 향한 자신의 분노를 그대로 떠안고 있었다. 그녀의 아버지는 그녀가 아직 어릴 때에 사업을 하다가 크게 도산했고, 그 뒤로 실의에서 헤어 나오지 못한 채 술에 의존하며 살고 있었다. 사업을 하는 동안에도 가정을 완전히 등한시하며 살아왔고, 실패하고 난 뒤에는 그 막대한 수치심과 분노를 감당해 내지 못하고 그대로 가정에 토해 내고 있었다. 일찍이 그 고통을 견디지 못하고 집을 나가 버린 어머니를 대신하여 그 분노를 받아 낼 대상은 큰딸이었던 그녀뿐이었다. 그녀의 부친은 그녀에게 훈육이라는 명목으로 자신의 분노를 마구 내던졌다. 조금만 나쁜 성적을 받아 오거나, 그녀의 행동이 조금만 마음에 안 들어도 그녀에게 욕설과 폭행을 퍼부으며 '아무짝에도 쓸모없는 것', '제 어미를 쫓아낸 것', '인생의 걸림돌 같은 것'이라고 맹렬히 비난했다.

앞서 이야기한 감정 던지기-투사Projection에 반대되는 개념은 감정 떠안기-내사Introjection이다. 내사는 투사와 정반대로 자기 자신에게서 느껴지는 감당하기 어려운 감정을 자기 자신의 일부로 받아들이는 형태이다. 마치 부부싸움을 하는 부모 곁에서 강렬한 두려움과 분노를 느끼는 아이가 그것을 자기 탓, 자기 문제로 받아들이는 것처럼 말이다. 자해를 일삼고 있던 그 여성의 자기혐오도 사실상 내사라고 이야기할 수 있다.

그녀의 아버지는 그녀에게 엄청난 분노와 수치심을 내던지고 있었다. 자격지심과 수치심에 휩싸인 아버지가 가시 돋친 말과 폭력으로 그녀에게 화를 토해 낼 때에, 그 분노는 그녀의 연약한 경계를 깊숙이 뚫고 들어가고, 그녀 역시 그 엄청난 분노와 수치심을 느끼게 된다. 하지만 그녀는 결코 그것을 다시 밖으로 던질 수 없었을 것이다. 어머니가 떠나고 의지할 어른이라고는 아버지밖에 남지 않은 상황에서 그녀는 그 분노를 다시 아버지에게로 향하게 할 수 없었다. 혹시라도 그래서 아버지마저 그녀를 떠나가 버린다면 어린아이였던 그녀는 더 이상 살 수가 없었기 때문이다. 내려치는 강렬한 감정의 폭격을 그녀는 그냥 그대로 떠안을 수밖에 없었던 것이다. 그녀는 까마득한 어린 시절부터, 아버지가 던진 분노를 '나 때문에 발생한 것'으로 판단했다. '내가 정말로 쓸모없기 때문에', '나는 무가치한 존재이기 때문에', '내가 수치스러운 존재이기 때문에' 등 마음속에 그런 엄청난 분노가 들끓게 되었다고 혼동하게 된 것이다. 그리고 투사Projection에서와 마찬가지로 그 오류는 너무나 자연스럽고 직관적으로 이루어진다. 불쾌한 감정은 인식되지 못하는 사이 순식간에 생각과 믿음으로 바뀌어 버린다. '나는 쓸모없다'라는 굳은 믿음으로 바뀌어 버린다. 결국 최초의 감정인 맹렬한 분노는 사라지고 족쇄 같은 자기 혐오적 믿음만이 덩그러니 남게 된다. 이렇게 발생한 믿음은 그녀를 끔찍한 수치심과 자기 처벌적 자해로 끌어내릴 무거운 족쇄가 되어 버린다. 그녀는 자기 것이 아닌 감정에 꿰여 끝없이 가라앉고 있었다. 감당해 내지 못할 아버지의 감정을 감당하느라 그녀 자신의 자아를 소모하고 있었다.

투사와 전치 사이의 관계처럼, 마음의 안팎을 혼동하고 감정을 떠안는 행위 역시 우리가 일상에서 흔히 겪을 수 있는 형태로 드러나기도 한다. 자기 비난Turning against the self이라고 표현하는 형태이다. 이 경우에도 역시 마음속에서 느껴지는 불쾌감을 자기 탓이라고 혼동한다는 점에서 자아의 안팎을 구분하는 경계가 약화된 것이라고 할 수 있다. 그러나 내사보다는 심각하지 않고, 그 불쾌감의 감정이 좀 더 의식 수준으로 드러난다.

앞선 전치Displacement의 예시와 비슷하게 직장상사에게 올렸던 서류를 결재받으러 갔다가 신나게 깨진 상황을 생각해 보자. 물론 서류에 미비한 부분이 있었을지도 모르지만 그래도 상사가 너무 과하게 욕을 한 것이다. 그래서 사회생활 제대로 할 수 있겠느냐, 이따위로 하니까 그것밖에 안 되는 거 아니냐는 등 인신공격까지 퍼부었다. 그럴 것까지는 없었는데 말이다. 그러나 먹고살려면 어쩌겠는가. 자본주의의 얼굴로 견뎌내야만 한다. 네 알겠습니다, 네 죄송합니다만 반복하며 뱃속의 부글거리는 느낌을 가까스로 참아 내고 상사의 사무실 문밖을 나선다. 그리고 사무실 문을 쿵 닫은 뒤에도 그 견디기 힘든 불쾌감은 여전히 마음속을 쿡쿡 찌르고 있다.

여기서 누군가는 그 불쾌감을 바깥에서 들어온 것으로 착각할 수 있다. '서류 잔업을 시켰던 이대리가 나를 엿 먹이려고 일부러 잘못된 걸 끼워 넣은 게 분명해'라며 투사Projection를 할 수도 있고, 사무실 내 자리로 돌아와 옆자리의 김사원에게 '아까 시킨 일은 왜 아직도 안 했느냐'며 짜증을 부리며 그 분노를 전치Displacement시킬 수도 있다. 그러나 같은 상황에서 누군가는 그 분노가 정말 자기가 심각한 문제가 있어서 생긴 것이라고 혼동하여 자기 자신을 비난할 수 있다. '진짜 이래서 사회생활은 제대로 할 수나 있을까', '아 역시 나는 안 되는구나'라며 그 분노를 자기 비난Turning against self으로 되돌릴 수 있다. 투사나 내사처럼 감정이 분열되어 떨어져 나가지는 않지만, 그 방향이 과도하게 안쪽으로 치우쳐지는 경우이다. 그러면서 과도하게 우울해지고 좌절하게 된다.

자기 비난이 익숙한 사람들은 작은 상처에도 쉽게 무너져 내린다. 모든 게 다 자기 잘못이기 때문이다. '내 탓이로소이다'가 습관처럼 몸에 배어 있다. 상사의 비난에도 '아 내가 진짜 서류를 개떡같이 만들었구나'라며 곧이곧대로 그 날선 비난들을 떠안는다. 자기를 탓한다. 친구들과 다투었을 때에도 '내가 너무 말을 심하게 해서 그랬던 것은 아닐까', '내가 괜히 그런 얘기를 꺼낸 걸까' 하는 생각에 몸 달아 한다. 그러다 보니 '내가 ~하지 않았으면', '내가 ~했더라면' 하는 마법의 주문을 모든 일들에 갖다 붙이게 된다. 모든 일들에서 자기 잘못을 찾는 것이다. 심지어 자기 비난에 익숙한 사람 둘이 길을 가다 서로 부딪혀서 넘어지게 되면 서로가 서로에게 끝없이 사과하며 자기 탓을 하는 진풍경을 연출할 수도 있다. "죄송합니다. 제가 똑바로 앞을 보고 걸었어야 하는데요.", "아이고 아니요, 제가 정신 팔고 핸드폰을 해서 그랬어요. 죄송합니다." "아니 아니, 제가 하필 그쪽으로 걸어서 부딪혔네요. 죄송합니다.", "아이구 아뇨 아뇨, 부딪혀도 제가 중심을 잘 잡았어야 하는데 괜히 불편하시게 넘어졌어요.", "어휴 아닙니다. 제가 오늘 집 밖을 나오지 말았어야 하는데….", "아휴 참 이거 제가 태어나질 말았어야 하는데…." 등등 끊임없이 자기가 잘못한 이유를 찾는다. 그러면서 자기 자신을 꾸짖고 자기 자신에게 화를 낸다. 난데없이 부딪혀 엉덩방아를 찧은 화가 각자 마음속에 차올랐지만 그 불쾌감이 자기에게서 생긴 것이라 착각하고 결국 그 화살을 자기에게로 겨누고 있다.

다시, 직장상사에게 한바탕 깨졌던 상황으로 돌아가 보자. 나는 그따위 서류를 올렸던 내 자신이 너무나 한심하고 부끄럽다. 나 스스로에게 너무나 화가 난다. 하지만 객관적으로 보면 그 직장상사가 나에게 퍼부은 그 독설과 분노는 애초부터 적절한 꾸중이 아니었을 가능성이 더 크다. 그 상사부터가 이미 자기 분노를 나에게 집어 던졌던 것일 수 있다. 내가 그 방에 들어가기 직전에 직장상사에게는 화가 날만한 다른 일이 있었을지 모른다. 예컨대 자기 부인과 통화로 싸웠다던가 하는 것처럼 말이다. 어제 늦게 들어간 일에 대해 부인에게 잔뜩 잔소리를 듣고 화가 나 있던 상황이었던 것이다. 그래서 직장상사의 부인은 그 분노를 잔소리와 함께 남편에게 집어 던졌고, 상사는 하필 그 직후 결재를 받으러 온 나에게 다시 그 분노를 집어 던졌던 것이다. 그리고 나는 마치 그것이 진짜 내가 무슨 큰 결함이 있어서 그런 감정을 느끼게 된 걸로 자기 비난해 버린다. 그러면 그 자기 비난은 나에게 새로운 자극이 되어 나에게 더 큰 분노와 짜증을 불러일으킨다. 그 분노와 짜증이 갈 곳은 분명하다. 내게로 다시 되돌아오거나 아니면 다른 누군가에게로 또 던져지게 마련이다.

이렇게 감정은 마음과 마음 사이를 옮겨 다닌다. 감당되지 못한 감정이 관계 속에서 마음의 경계를 허물어 낸다. 허물어진 경계와 함께 '관계'라 칭하던 만남은 그저 마음과 마음들이 제멋대로 뒤섞이는 난잡한 무대가 되어 버린다. 어느 것이 내 감정이었는지, 어디까지가 나의 마음이었는지, 뭐가 나인지, 뭐가 나다운 것인지가 혼란스러워진다. 분명 견디기 힘든 감정으로 신음하는 누군가는 있는데 그 감정이 과연 어디서 왔는지는 묘연해진다.

'나'라고 생각하던 것들, 그래서 슬퍼하고 우울해하던 것들은 사실 '너'의 것이었고, '너'의 것이라고 생각하고 비난하고 분노했던 것들은 사실 '나'의 것들이었다. "널 만나고부터 되는 일이 하나도 없어!"라고 절규하던 목소리도 사실 나의 자책감이었고, 내가 만들어 낸 증오였다. 대체 '나다운 것'이 어디까지였는지가 헷갈리기 시작하고 '나답지 않은 것', '내가 아닌 것'이라고 생각했던 마음들 중 사실 '나'였던 것은 무엇인지가 헷갈리기 시작한다.

분명 우리는 관계 속에서 힘들어한다. 관계 속에서 상처받고 자책하고 아파한다. 관계 속에서 의심하고 비난하고 분노한다. 그리고 이토록 괴롭게 망가진 관계 속에서는 마음과 마음이 서로를 묻힌 채로 얼룩덜룩하게 물들어 있다. 깨어져 가는 관계 속에서 분명 너와 나는 지쳐 가고 있는데, 그 관계에 너와 나의 마음이 대체 어떻게 얽혀 있는 것인지를 분간해 낼 수 없다. 우리는 바로 그 허물어진 경계 때문에 방향을 잃고 이렇게 힘들어하고 있다. 무엇이 내 마음이었는지를, 어디가 안이고 어디가 밖이었는지를 잃어 가며 불안해하고 슬퍼하고 분노하고 있는 것이다.

IV. 네가
그냥 내 마음이
되어 줬으면
좋겠어

너와 하나가 되고 싶어

1

경계가 허물어진다는 것의 문제는 지금 내가 느끼고 있는 이 기분, 이 감정, 이 생각과 이 믿음을 합리적이고 객관적으로 판단하기 어려워진다는 데에 있다. 이 생각이 과연 올바른 것인지, 내가 제대로 느끼고 있는 것인지를 스스로 검열하기 어려워진다. 그저 머릿속에 흘러가는 흐름과 판단대로 그대로 행동하게 된다. 왜냐하면 자아의 경계를 바탕으로 '나'와 '외부'를 판단하는 과정은 아주 자동적으로 이루어지기 때문이다. 나의 경계를 나 자신이 직접 바라보기는 너무나 어렵다. 내가 어떤 기준으로 '나'를 판단하고 있는지 우리는 쉽게 자각하지 못한다. 그렇기 때문에 '나', '내 것', '나에 대한 것'이라고 인식되는 직관적인 느낌들을 부정하기란 더더욱 어렵다. 심지어 텔레비전에서 김정은이 연설을 하는 장면마저도 일단 '저건 내 이야기다'라고 막연히 느껴지기만 해도 그 느낌을 부정하거나 검열하기란 결코 쉽지 않다.

그러다 보니 경계가 허물어진 관계 속에서 우리는 합리적이지 못한 믿음들과 환상들을 좇게 되기가 쉽다. 나의 감정과 너의 감정, 나의 마음과 너의 마음 사이를 혼동하며 갈팡질팡할 뿐 아니라, 그 혼란 속에서 현실감마저 잃을 수 있다.

정신과 용어 중에는 환상-판타지Fantasy라는 말이 있다. 무척 심오한 용어이기도 하고, 학파마다 심층적인 해석이 조금씩 달라지는 용어이기는 하지만, 간단히 설명하자면 우리가 관계 속에서 무의식적으로 기대하게 되는 어떤 형태나 모습, 결과 등을 이야기한다. 즉 우리가 상대방에게 바라는 것들, 상대방과의 관계에서 바라는 것들의 무의식적인 뿌리를 말하는 것이다.

그것을 굳이 환상-판타지라고 표현하는 것은 그 형태가 현실 속의 진짜 관계와는 조금 다르기 때문이다. 환상은 현실 원리를 초월한다. 현실의 법칙을 무시하고 이루어질 수 없는 것, 불가능한 것들을 그린다. 판타지는 현실 원리 따위는 아무것도 모르던 젖먹이 아이 시절의 원초적 관계들에서부터 출발하기 때문이다. 우리가 무의식속에서 그리는 판타지에는 마음과 마음, 자아와 자아가 어떠한 경계도 없이 뒤섞여 있다.

감정을 던지고 떠안을 때와 마찬가지로, 우리의 어린 시절 환상Fantasy 역시 어른이 된 이후의 관계들에서도 조금씩 그 미성숙한 모습들을 드러내곤 한다. 마음의 경계가 약화될 때에, 원초적이고 비현실적인 판타지는 어른의 체면이라는 껍질을 뚫고 그 모습을 드러낸다. 어린 시절 철없던 아이의 자아로 되돌아가, 그 아이가 품었던 환상 속의 무언가를 붙잡으려 헛되이 손을 뻗는다.

2

정신과 진료실에 앉아서 면담을 하다 보면 본의 아니게 연애상담을 하게 되는 일들이 많다. 아니 사실 주된 업무 중 하나가 바로 연애상담이라고 해도 과언이 아닐 것이다. 어쨌든 연인과의 문제를 털어놓으며 힘들어하는 많은 사람들의 고민거리는 '남자친구가, 여자친구가 내 뜻대로 해주지 않는다'는 것이었다. 갖가지 복잡하고 다양한 상황과 문제에서의 다툼을 이야기하지만 많은 문제들이 결국 이 결론으로 도달하곤 했다.

나와 면담을 했던 20대 후반의 한 여성의 경우도 마찬가지였다. 그녀는 남자친구가 수시로 바뀌었다. 가장 오래 사귀었던 남자친구와의 관계가 1년 남짓이었고, 2~3주 만에 갈아 치우는 남자친구들이 대부분이었다. 그녀는 끝없이 새로운 남자친구를 원하고, 그녀 곁에 누군가가 있어 주기를 간절히 바랐지만 그 어떤 남자친구에게도 만족하지 못하고 있었다. 남자친구들에게서 늘 불만밖에 느끼지 못했다. 나와 상담을 하는 동안 만나고 있던 남자친구와는 그래도 비교적 오랫동안, 6개월 정도 관계를 유지하고 있었다. 그러나 그 남자친구에게도 그녀는 늘 화가 나 있었다.

그녀가 주로 남자친구와 다투는 문제들은 그다지 특별하지는 않았다. 왜 연락을 자주 하지 않느냐, 왜 만나고 싶을 때 만나 주지 않느냐, 왜 내가 좋아하는 것을 같이 좋아해 주지 않느냐, 왜 내 기분을 맞춰 주지 않느냐, 생각을 왜 그런 식으로 하느냐, 왜 그렇게 이야기하느냐와 같은 아주 사소하고 흔한 주제들 말이다.

하지만 그 이야기들을 좀 더 자세히 들어볼수록 그녀는 남자친구에게 불가능한 것들을 요구하고 있었다. 그녀는 남자친구가 24시간 그녀와 모든 것을 공유하길 바랐다. 그녀는 남자친구의 모든 것이 '자신'과 같기를 바라고 있었다. 그녀가 원할 때나 원하지 않을 때나 언제나 남자친구의 일상 하나하나가 그녀의 일상과 이어져 있기를 바랐다. 그녀가 좋아하는 것은 그대로 똑같이 좋아하고, 싫어하는 것은 그대로 똑같이 싫어하길 바랐다. 심지어 말을 하지 않아도 그녀와 똑같이 느끼고 생각하기를 바랐다. 그러지 않을 경우에는 '대체 남자친구가 왜 그런 것도 못 해주냐'며 불같이 화를 냈다. 자기 기분에 대해서 이야기하지는 않으면서 남자친구가 자기 기분을 몰라 주는 것에 대해 이해하지 못하고 화를 냈다. 그녀는 자신이 슬픈지, 기쁜지, 우울한지, 신나는지 남자친구가 실시간으로 알아차리고 함께 느끼기를 원했다. 좋아하는 색깔에 대해 이야기한 적이 없으면서도, 남자친구가 사온 선물의 색깔이 마음에 안 든다며 '어떻게 남자친구가 그런 것도 모르냐'고 화를 냈다. 남자친구에게 말도 없이 찾아가서 당장 만나자고 하면서 그러지 못할 때에는 '그런 것은 남자친구가 아니다'라며 화를 냈다. 그녀는 남자친구의 시간과 공간, 마음과 생각과 감정 모든 것들이 '자신'이기를 바라고 있었다.

'입 속의 혀처럼 군다'라는 말이 있다. 아랫사람이 비위를 잘 맞춰서 말을 안 해도 원하는 바대로 착착 해준다는 뜻이다. 우리는 때때로 우리와 가까운 누군가가 입 속의 혀처럼 행동해 주기를 바란다. 남자친구를 쉼 없이 바꾸던 그녀뿐만 아니

너와 하나가 되고 싶어

173

라 얼마간은 우리 모두 역시 마찬가지이다. 우리는 때때로 내가 사랑하는 사람이 마치 내 입 속의 혀처럼 내 마음대로 움직여 주기를 바라곤 한다. 나와 똑같이 생각하고 느껴 주기를 바라곤 한다. 또는, 내가 이야기하지 않아도 애인이 내 마음에 꼭 맞는 데이트 스케줄을 짜오길 기대하기도 한다. 그리고 그러지 못하는 순간들을 이해하지 못한다. 받아들이지 못하고 화를 내곤 한다. 힘든 일을 이야기할 때에 친구나 애인이 내 마음을 이해해 주지 못할 때에 우리는 서운해하기도 하고, 나처럼 기뻐해 주지 않는 것에 화를 내기도 한다. 우리는 애인과 일거수 일투족을 함께 하길 바라며, 한순간이라도 연락이 끊기는 것을 참지 못하고 불안해하기도 한다. 상대방이 그저 내 입 속의 혀만 같기를 기대하고 요구한다.

입 속의 혀라 함은 내 신체의 일부 그 자체이다. 언제든 내가 원할 때 움직일 수 있고, 내가 원하는 딱 그대로 움직인다. 내가 의식하건 의식하지 않건 언제나 '나'라는 범위 안에 들어 있다. 내 입 속의 혀는 '나'이다. 그러니까 우리는 때때로 다른 사람이 마치 '나'인 것처럼 행동하기를 바라는 것이다. 내 곁의 누군가의 뇌가 나의 뇌와 직통으로 연결되어 있기를 바란다. 그래서 모든 감정과 생각을 공유할 수 있고, 언제든 내 마음대로 움직일 수 있기를 원하고, 뇌뿐만 아니라 아예 몸과 몸이 통째로 이어져 있기를 바란다. 사랑에 빠진 연인들이 소파에서 껴안고 앉아 있는 모습을 보고 있노라면, 팔다리가 서로 뒤엉키고 서로가 서로의 허리와 목덜미, 몸통을 휘감고 올라타 앉아 어디서부터 어디가 이 사람이고 어디서부터 어디가 저 사람인지를 구분하기 쉽지 않다. 마치 뿌리가 다른 두 나무가 얽혀서 한 나무처럼 자란다는 연리지連理枝를 보는 것 같기도 하다. 그렇지만 정작 그렇게 껴안고 있는 연인들은 그것도 모자라다고 느낀다. 더욱더 상대방과 밀착하고 싶어 한다. 꼭 껴안긴 채 나의 몸이 스르륵 상대방에게 스며들어 합쳐졌으면 하는 바람이 들 때도 있다. 완전히 하나가 될 수 있도록 말이다. 우리는 그렇게 종종 '나'와 '그' 사이의 경계를 허물고 하나의 '나'로 합쳐질 수 있기를 바란다.

그러나 너무 당연하게도 그런 것은 불가능하다. 변신 합체 로보트도 아니고 '너'가 '나'와 합쳐져 하나의 '나'가 될 수 없다는 것을 모르는 사람은 없다. 너와 나를 하나로 연결할 수 없다는 것을 모르는 사람은 없다. 그러나 우리는 그런 것들을 바라고 있다. 심지어 그러지 못하는 현실에 대해 화를 내고 슬퍼한다. '나'가 되지 못하는 '너'를 보며 비난하고 분노하고 있다.

환상에서 떨어져 현실의 바닥에 부딪히다

1

합쳐질 수 없다는 것을 알면서도 마치 상대가 '나'인 것처럼 행동해 주기를 바라고, '나'와 하나가 되기를 바라게 된다는 것 역시 '나'의 경계가 무너졌다는 것을 의미한다. 남자친구는 '나'가 아니라는 것을 머릿속으로는 알면서도, 무너진 자아의 경계 너머로 남자친구를 조금씩 집어삼키고 있다.

자아의 경계를 넘어선다고 인식되는 것들은 그것이 무엇이건 자동적으로 '나'의 일부로 받아들여진다. 어떤 것이라도 일단 '나'라고 인식되면 그것은 의심하기 어렵다. 일단 경계를 넘어 '나'라고 느껴지는 순간, 남자친구가 나름의 감정을 가진 또 하나의 인격체라는 너무나도 당연한 사실이 쉽게 무시된다.

그냥 '나'였으면 좋겠고, '나'여야만 하는 것이다. 남자친구가 나와 다르게 생각하고 행동하는 순간은 마치 내 혀가 내 뜻대로 움직이지 않고 제멋대로 날름거리는 것처럼 이해되지 않는다.

남자친구가 '나의 일부'라고 느끼는 나의 환상은 공고하고, 그 환상이 현실과 충돌할 수밖에 없는 순간들을 이해할 수 없다. 그리고 이해되지 못하는 현실은 분노로 폭발한다.

상대와 합쳐져 하나고 되고 싶다는 이러한 비현실적인 소망은 융합환상Merge fantasy, 합입환상Incorporation fantasy이라고도 부른다. 말 그대로 합쳐지고 싶다는 환상인 셈이다. 대체 어떻게 이런 말도 안 되는 환상을 품을 수 있을까 싶지만, 사실 이런 환상 역시 자아가 불완전하던 아기 시절에는 그다지 비현실적인 것이 아니었다. 아기에게는 이러한 소망이 환상이 아니라 현실로 작동한다. 우리는 모두 그런 시간을 거쳐 왔다.

앞서 이야기하였듯, 아기에게는 아직 자아라고 부를 만한 것이 없다. 조금 더 자라서 이제 갓 자아를 만들기 시작한다 하더라도 그것은 굉장히 원시적이다. '나'라는 원초적인 관념만 가지고 있을 뿐 그것을 현실에 맞게 똑바로 판단할 수는 없다. 그래서 아기에게는 자아와 자아가 아닌 것을 구분할 만한 능력이 부족하다. 그 말인즉슨 아기에게는 '내가 아닌 것들'이란 의미가 불분명하다는 뜻이다. 아기에게 나, 엄마, 아빠, 침대, 베개, 천장 이런 것들은 각각의 존재로 나뉘어져 있지 않고 하나로 융합되어 있다.

이런 아기에게 엄마라는 존재는 말 그대로 '나의 일부'로 함입Incorporation되어 존재한다. 아기에게 엄마의 존재는 입 속의 혀나, 어깨 밑에 달린 팔뚝 같은 것들의 존재와 크게 다르지 않다. 신체 일부를 움직이듯 엄마를 움직일 수 있다. 울면 따뜻하게 안아 주고 칭얼거리면 젖을 준다. 뿐만 아니라 입 속의 혀가 다치면 아기가 아픔을 느끼듯, 아기는 엄마와 모든 감정도 함께 공유한다. 적어도 아기가 느끼기에는 그렇다. 아기가 아파하는 만큼 엄마도 아파하고, 엄마가 슬퍼하는 만큼 아기도 슬퍼한다. 아기와 엄마는 하나로 존재한다.

사실 그래야만 아기는 생존할 수 있다. 나의 모든 감정을 대신 처리해 주고, 나의 배고픔과 아픔까지 모두 처리해 줄 수 있는 완벽한 존재인 엄마를 나와 같은 존재라고 여겨야만 '나'를 유지할 수 있다. 아기에게 엄마는 자신과 합쳐져 있다. 아기가 만들어 가는 엉성한 자아의 경계는 그 안쪽에 엄마의 존재를 큼직하게 드리우고 있다. 아기는 엄마와 하나로 존재하면서 그것이 이상하거나 비현실적이지 않은 세계를 살아가고 있는 것이다.

아기는 커가면서 엄마가 꼭 나와 같지만은 않는다는 슬픈 현실을 깨닫게 된다. '나의 일부'라고 느꼈던 엄마가 사실 나와는 다른 존재라는 사실을 깨달아 가기 시작한다. 그러면서 좀 더 분명하게 '내가 아닌 것'들의 경계를 확립해 나가기 시작한다. 좀 더 진짜 현실에 부합할 수 있는 성숙한 자아를 만들어 나간다.

하지만 우리 모두는 엄마와 내가 하나로 존재하던 시절의 미숙한 모습을 어느 정도 남겨 둔 채 성장하게 된다. 엄마와 내가 하나로 존재하던 그 시절의 어린아이를 우리 모두 마음속 깊은 곳에 아직 숨겨 두고 있다. 눈앞의 상대방이 곧 '나의 일부'라고 받아들이는 것이 너무나 당연했던 그 아기가, 우리들 마음속 깊은 곳에는 아직 남아 있다. 그래서 마음속 그 아기가 목청껏 울부짖을 때면 우리는 자신도 모르는 사이에 상대방도 나의 일부로 혼동하고 만다. 마음속 아기의 울음소리와 함께 자아의 경계가 허물어지고 마는 것이다.

2

상대방과 융합되고자 하는 환상까지는 아니라고 하더라도 우리가 훨씬 더 흔히, 자주 경험하는 어린 시절 환상의 잔재 가운데 하나는 전능통제Omnipotent Fantasy이다. 전능통제라는 의미는 말 그대로 자신이 모든 것을 전능全能하게 통제할 수 있다는 것이다.

아기는 추위를 느끼면 그냥 시끄럽게 울어 제친다. 아이가 울면 엄마는 아이를 따뜻하게 안아 주거나 포대기를 좀 더 두텁게 싸줄 것이고 아기는 따뜻함을 느낀다. 그러나 아기에게 따뜻함은 엄마나 포대기에게서 받은 것이 아니다. 자기가 만들어 낸 것이다. 아기로서는 울기만 했더니 따뜻함이 저절로 생겨난 것이지 않겠는가. 아기는 울음으로 따뜻함을 창조해 냈다. 아기는 그야말로 전능하다. 따뜻함도, 배부름도, 안락함도 모두 만들어 낼 수 있다. 아기는 외부의 모든 것들을 전능하게 통제할 수 있다. 아기는 전능통제의Omnipotent Control 환상에 빠져 있다.

이 개념은 엄마와 함입-융합되어 있던 아기가 내 몸을 내 맘대로 움직이듯 엄마가 행동한다고 생각하던 그것과 조금 비슷해 보일 수 있다. 그러나 전능통제는 '나' 외부의 대상들을 '내가' 마음대로 통제한다는 의미이다. 즉, 처음에는 '나'라는 개념이 없이 모든 게 하나로 융합되었던 아기의 세계가, 조금씩 '나'와 '외부'를 구분할 수 있는 경계를 만들어 내기 시작한 뒤의 환상인 것이다. '나'를 깨닫기 시작하였지만, 아직은 온 세계의 중심에 '나'밖에 없던 아기가 모든 것을 자기중심적Egocentric으로 왜곡하여 받아들이면서 발생하는 환상이다. 그리고 성인이 되어 이제는 세상의 중심이 내가 아니라는 슬픈 사실을 깨달은 우리를 혼란스럽게 만들고 있는 환상이다.

전능통제의 환상이 가장 노골적으로 우리의 몸과 마음을 지배하는 순간이라고 한다면 역시 카지노의 도박판 앞에서일 것이다. 포커판에 참여해 본 적이 있는 사람이라면 누구나 공감할 수 있다. 딜러가 나누어 주는 카드를 뒤집기 전, 내가 원하던 그 카드가 나오길 간절히 바라며 진땀 흘려 본 경험을 말이다. 포커뿐 아니라 슬롯머신 앞에서도 형형색색의 숫자와 그림들이 챠라락 움직이다가 천천히 멈추는 그 순간, 우리 모두는 777이 나오길 바라며 온몸을 움찔거리곤 한다.

> 그러나 누구나 알다시피, 온몸을 움찔움찔 거린다고 해서, 진땀을 흘리며 마음속으로 간절히 기도를 한다고 해서, 카드를 조금씩, 조금씩 뒤집으며 '제발, 제발!'을 외친다고 해서 그 결과가 바뀌는 것은 아니다.

아무리 안간힘을 쓴다 하더라도 초능력자가 아닌 이상 눈앞의 카드나 슬롯머신의 숫자를 내 맘대로 조종할 수는 없다. 이 당연한 사실을 모르는 사람은 없다. 그러나 우리는 분명 안간힘을 다하고 있다. 어떻게든 내가 원하는 대로 조종해 보려갖은 헛수고를 다하고 있다. 소리를 지르고, 기도하고, 가슴 졸이고, 발을 동동 구르면서 말이다. 그러고는 막상 맘대로 조종되지 않는다는 현실과 부딪힐 때마다 분노하고 슬퍼한다. 도박판을 전능하게 통제할 수 없다는 당연한 사실 앞에 좌절하고 절망한다.

　물론 가끔씩은 정말로 우리가 계산한 대로 척척 들어맞는 결과들을 얻는 것처럼 느껴질 때도 있다. 마치 도박판에서 상대의 표정을 읽고, 남은 패들의 수를 계산하고, 확률을 셈하여 던진 결과가 예측한 대로 척척 돌아갈 때처럼 말이다. 그렇게 현실을 마음대로 조종하고 통제할 때의 쾌감은 정말 짜릿하다. 남보다 한 수 앞을 더 내다보고 미래를 그려 상대를 이겨 내는 순간, 머릿속에는 '계획대로!'라는 탄성이 울려 퍼진다. 목덜미에서 등줄기까지 번개가 쫘악 훑어 내려가는 쾌감이다. 나의 전능한 통제력의 환상이 현실로 드러나는 순간은 어린 시절 엄마의 따스함을 울음으로 창조해 내던 그때처럼 짜릿하고 만족스럽다. 그래서 그 쾌감에 중독된 사람들은 누구를 만나건 상대를 이용해 먹고, 조종하려 들기도 한다. 모든 관계에서 전능통제의 환상에 얽매이게 된다. 그런 사람들은 상대방을 이용하여 전능통제의 환상을 통해 얻는 자존감 이외에는 관계에서의 자기감을 찾는 법을 잃어버리게 된다. 만나는 사람마다, 상대방의 행동 하나하나를 예측하고 계산하면서 이용해 먹는다. 상대가 자기 마음대로 행동하는 모습을 보며 얻는 자신의 통제감에 취해 간다.

사실 무력하게 누워 있을 수밖에 없는 아기에게는 자신이 외부의 것들을 통제하고 조종한다는 환상이 어느 정도 필수적이다. 갓 만들어 내기 시작한 자아를 유지시켜 주는 훌륭한 원동력이 되기 때문이다. 이제 겨우 세상에서 '나'를 구분해 내기 시작하였는데 그 '나'라는 것은 너무나 취약하고 연약하다. 너무도 취약해서 아기는 금방이라도 '나'가 흩어져 버릴 것 같은 불안에 휩싸이게 된다. 그것은 그야말로 자아가 붕괴되어 버릴 것만 같은 불안Disintegration Anxiety이다. 가장 원초적이고 무시무시한 이 불안을 이겨 낼 힘을 아기에게 제공해 주는 것이 바로 '전능하다는 환상감'이다. 자신이 세상을 조종하고 통제한다는 감각은 아기가 안정된 자기감을 유지하고 '나'라는 감각을 유지할 수 있도록 도와준다. 전능통제 역시 일종의 방어기제 중 하나인 것이다. 비록 환상이지만 그 감각은 흐물흐물한 경계에 둘러싸인 자아의 연약한 형태를 단단히 응집시켜 준다.

우리는 이제 젖먹이 아기 시절을 한참 지나 훌쩍 커버렸다. 하지만 어른이 된 우리들 역시 때때로 젖먹이 아이와 다름없이 두려워한다. 나이를 먹어 가며 나름대로 구축한 자아의 경계라는 성곽은 불안과 함께 다시 허물어지기 시작하고 어린 시절의 그때처럼 되돌아간다. 어디까지가 나의 능력인지, 어디까지가 내가 통제 가능한 범위인지를 현실적이고 합리적으로 판단할 수 있는 경계가 허물어지고, 그 틈으로 나의 자아는 전능통제라는 짜릿한 환상을 타고 내 밖으로 저 멀리 튀어 나간다.

그러나 누구도 전지전능할 수는 없다. 아무리 치밀하고 영악하게 그림을 그리고 계획하고 준비하더라도 우리는 우리가 통제할 수 없는 외부의 수많은 변수들에 종속되어 있다. 예측하지 못한 변수들, 조정할 수 없는 변수들이 우리를 후려칠 때에 우리는 속수무책으로 당하게 된다. 제아무리 포커의 제왕이라 할지라도 운이 나쁘면 대패할 수 있다. 제아무리 머리가 비상한 전략가라 할지라도 모든 미래를 하나하나 통제할 수는 없다. 왜냐하면 우리는 전지전능하지 않기 때문이다. 환상에서 떨어져 현실의 바닥에 부딪힌 우리는, 그저 무너진 자아의 경계 너머에서 통하지 않을 얕은 수들만을 헛되이 발버둥 치며 좌절할 따름이다.

엉뚱한 묘에서 곡을 하다

1

크리스토퍼 놀란 감독의 블록버스터 영화인 〈인셉션〉에서는 꿈속을 탐험하는 일당들의 이야기가 그려진다. 영화 속 주인공 일당은 드림머신이라는 기계를 이용하여 다른 사람의 꿈속으로 들어간다. 드림머신을 이용해서 어떤 한 사람의 꿈을 모두가 함께 공유하는 것이다. 일당들은 작전 대상을 몰래 약으로 마취시켜 깊이 재우고, 드림머신을 연결해 그 꿈속에 들어가서 꿈 주인의 무의식을 조작하는 작전을 수행한다. 그리고 더욱 깊은 무의식으로 들어가기 위해 꿈속에서 재차 드림 머신을 이용해 꿈속의 꿈으로 들어가고, 이것이 반복되며 꿈속의 꿈속의 꿈, 꿈속의 꿈속의 꿈속의 꿈까지 깊이깊이 들어간다.

그러면서 영화는 점점 시간과 공간이 복잡하게 뒤얽히고, 깊은 꿈들의 층계와 현실 사이의 연결이 흩어지기 시작한다. 주인공들은 꿈과 현실을 구분할 수 없는 깊은 림보Limbo에 빠져 버리게 된다.

프로이트 이래로 수많은 심리학자들은 꿈이 무의식을 담고 있다고 이야기한다. 무의식적인 환상Fantasy이 꿈을 통해 드러나기도 한다고 한다. 정말 그런 건지 아니면 꿈은 그냥 꿈에 불과한 것인지 확실한 사실은 아무도 모른다. 확실한 건 꿈에서는 우리를 구속하고 있는 현실의 원리들이 아무렇지 않게 무시된다는 사실이다. 깨어난 뒤 생각해 보면 말도 안 되는 이상한 일들이 꿈속에서는 마구 벌어진다. 말도 안 되는 것들이 서로 연결된다. 그러나 막상 꿈을 꾸고 있는 동안에는 이상함을 느끼지 못한다. 그것들이 당연하다고 느낀다. 교실에서 친구들과 마구 떠들다가도 어느새 보면 직장 사무실에 앉아 있고 또 옆에 있는 것은 중학교 때 친구라 할지라도 꿈속에서 우리는 이상함을 느끼지 않는다.

왜냐하면 꿈속의 일들은 모두 '나'의 영역 안에서 일어나는 일들이기 때문이다. 꿈은 내가 만들어 낸 것들이고 내 안에서 생겨나는 것들이다. 그리고 우리는 '나'의 경계 안쪽으로 넘어와 있는 것들을 쉽게 의심하지 못한다. 그저 '나'라고, '내 이야기'라고 당연스럽게 받아들인다. 따라서 꿈에서는 그것이 아무리 허무맹랑하고 비현실적인 이야기라고 할지라도 어색함 없이 물 흐르듯 흘러가게 된다. 말도 안 되는 상황이 벌어져도 그것은 내가 내 팔을 움직이고, 내 혀를 날름거리듯 자연스럽다. 어느 순간 내가 다른 사람이 되어 있고, 다른 사람이 내가 되기도 한다. 서로 다른 두 사람이 하나로 융합되는 환상도 꿈에서는 자연스럽다. 내가 초능력자처럼 하늘을 날고, 도로를 뒤엎으며 전능통제의 환상을 만끽하는 것 역시 꿈속에서는 무리가 없다.

> 영화 〈인셉션〉에서도 주인공 코브는 꿈속 공간을 자유자재로 꺾고 왜곡시킨다. 아예 도시를 90도로 접어 버리기까지 한다. 우리가 무의식 속의 환상을 제대로 실현할 수 있는 순간은 바로 꿈속에서의 순간들이다.

그러나 앞서 살펴본 여러 예들에서처럼, 그리고 지금도 빈번히 일어나고 있는 우리의 일상에서처럼, 비현실적인 환상들은 비단 꿈에서만 우리를 지배하지 않는다. 우리가 살아가는 현실 속에서도 여전히 비현실적인 환상들은 우리의 무의식을 장악하고 우리의 감정과 행동거지를 지배하고 있다. 그 무의식은 비현실을 아무런 위화감 없이 당연하게 받아들이고 기대하게 만든다. 그러고는 결국 좌절하게 한다. 마치 꿈을 꾸듯 현실을 바라보는 순간들을 만들어 낸다.

우리는 연인에게 바랄 수 없는 무언가를 기대하며 좌절한다. 우리는 통제할 수 없는 결과를 어떻게든 손에 넣고 싶어 안간힘을 쓰며 좌절한다. 매번 지금은 꿈속이 아니라는 당연한 현실과 부딪히며 좌절한다. 우리는 여전히 현실과 비현실적 환상 사이의 경계가 모호해지는 꿈같은 순간들에 매여 있다. 그 모호함에 갇혀 마치 자해하듯 현실의 벽에 머리를 부딪히며 아파하고 있다.

〈인셉션〉에서도 림보Limbo에 빠지면 점차 현실과 꿈을 구분하지 못하게 된다. 림보는 가장 마지막 꿈이자 모든 무의식이 합쳐진 세계이다. 영화 속 등장인물들은 꿈속에서 죽거나, 너무 깊은 꿈으로 들어가면 림보Limbo에 도달하게 된다. 림보에서는 상상하는 모든 무의식이 현실로 이루어질 수 있지만, 점차 그 무의식에 젖어 들어가며 혼란에 빠지게 된다. 내가 애초에 누구의 꿈에 들어와 있었는지, 지금의 순간이 나의 꿈인지 다른 누군가의 꿈인지를, 아니면 아예 지금이 현실인지 꿈인지를 혼동하게 된다. 심지어는 림보를 탈출해 꿈에서 깨고 현실로 돌아온 뒤에도 현실과 꿈을 혼동하게 된다.

영화에서 주인공 코브의 부인, 맬은 림보에 빠져 꿈을 현실로 착각한다. 코브의 도움으로 가까스로 진짜 현실로 돌아오지만, 맬은 여전히 '이곳은 꿈이야'라며 계속해서 현실로 되돌아가야만 한다고 외친다. 그러던 맬은 결국 창문에서 몸을 던지고 만다. 림보에 다녀온 맬에게는 현실과 꿈의 경계가 분명히 허물어져 있다. 자신이 있는 곳이 꿈인지 현실인지를 구분하지 못한다. 그뿐이 아니다. 맬은 현실로 돌아온 뒤 코브에게 꿈에서 깨어나야 한다며 같이 자살을 하자고 졸라 댄다. 맬이 보기에는 자신과 함께 코브 역시 여전히 꿈속에 있었기 때문이다. 맬에게 남편 코브가 존재하는 곳은 다름 아닌 맬 자신의 자아 속, 자신의 꿈속이었다. 맬은 무엇이 '나' 안에 있는 것인지, 누가 '나'인지를 구분하지 못했다. '너'와 '나' 모두의 꿈이 하나로 융합되어 있는 림보에서 자기 자신의 정체성을 지킬 경계를 완전히 잃어버리고 말았다.

그녀는 림보에서 현실과 꿈의 경계를 놓쳐 버렸을 뿐만 아니라, 자기의 경계마저 잃어버린 것이다. 자기 자신이 어디쯤에 어떻게 걸쳐 존재하고 있는가를 자문해 봐야 할 자아의 경계가 허물어져 있었다.

우리가 상대와 융합되고자 하는 환상에 얽매여 상대방에게 불가능한 것들을 요구하는 것도 역시 마찬가지이다. 전능하게 통제하고자 하는 환상에 불가능한 것들을 조종하려 하는 것도 마찬가지이다. 그러한 것들이 이루어지지 못했을 때에 과도하게 좌절하고 슬퍼하는 것도 모두 마찬가지이다. 우리가 환상에 매여 현실에서 허덕이는 근본적인 원인은, 뭐가 나인지 또 뭐가 나의 영역인지를 구분할 수 있는 그 '자아의 경계'가 무너진 탓에 다름 아니다. 현실과 환상의 경계가 무너졌기 때문이다. 그리고 사실은 그보다 먼저, 현실과 환상의 경계를 그어 낼 수 있는 근거인 '나'의 경계가 무너졌기 때문이다. 어디까지가 '나'의 한계인지, 어디까지가 '내가 통제할 수 있는 것'. '나의 영역'인지를 혼동하게 된 것이다. 무엇이 '나'인지, 무엇이 '내가 아닌지'를 구분하지 못하기 때문에 '내가 될 수 없는 것'과 하나가 되고자 애를 쓴다. 나의 영역 밖에 있는 것들을 나의 통제 밑에 두려 애쓰며 헛되이 힘을 쓰고 있다. 분명 우리는 종종 현실과 환상을 혼동하고 있다. 현실 속에서 비현실의 환상을 떨쳐 내지 못하고 있다.

2

어느 중국 고전에는 이런 이야기가 있다. 어린 시절 머나먼 타지에서 홀로 떨어져 평생을 살다가 수십 년 만에 고향에 돌아갔던 한 남자가 있었다고 한다. 자신의 고향이 어디 어디라더라 하는 이야기만 듣고 평생을 타향에서 핍박받으며 살아오던 남자는, 어느 날 우연히 그 고향에서 왔다는 이웃을 만나게 된다. 그래서 남자는 그 이웃에게 애원하여 그의 안내를 받아 처음으로 고향을 방문하게 되었다. 몇 날을 걸어 결국 고향에 도착하였고, 남자는 처음 만나는 낯선 고향의 아련한 모습에 뭉클해졌다. 이튿날 그 이웃은 남자를 어느 무덤가로 데려갔다. 이웃은 남자에게 그 무덤들이 바로 남자의 집안사람들 가묘家墓라고 이야기 해줬다. 남자의 뭉클하던 가슴이 갑자기 절절한 슬픔으로 차올랐다. 그동안 타향에서 외지인이라고 구박받고 차별받았던 설움들, 그때마다 자신을 머나먼 타지에 버려야 했던 부모와 조상들에 대한 원망, 이곳에서 행복하게 살았을 자신의 조상들에 대한 애틋함 등이 한데 복받쳐 그는 무덤을 붙잡고 꺼이꺼이 목을 놓았다. 무덤에 얼굴을 부비고, 바닥의 흙을 한 움큼 집어 맛을 보며 무덤 속에 누워 있을 이름 모를 조상에게 갖은 원망과 애증을 쏟아 내었다. 한참을 그렇게 울부짖던 울음이 조금씩 잦아질 무렵, 남자는 옆에서 킬킬대며 웃고 있는 이웃을 발견했다. 남자가 그 이웃에게 어이가 없다는 듯 뭐가 그렇게 우습냐고 묻자 이웃은 참았던 폭소를 터뜨리며 이야기 해줬다. 사실 남자의 진짜 조상묘는 저쪽 언덕 너머 옆 산이고 이곳은 다른 사람들의 공동묘지라면서, 남자를 놀리기 위해 잠깐 농담을 했던 것이라고 말이다. 이웃은 가까스로 웃음을 참으며, 이렇게까지 통곡할 줄은 몰랐다며 남자를 토닥였고, 남자는 "원 싱거운 사람을 다 봤나" 하며 머쓱한 발걸음을 돌려 다시 자신의 진짜 조상묘를 찾았다. 이윽고

엉뚱한 묘에서 곡을 하다

진짜 자신의 조상들이 대대로 묻힌 그 무덤가에 도착했고, 남자는 마찬가지로 그간의 서러웠던 시간들이 주마등처럼 지나갔지만 웬일인지 아까처럼 울음이 터져 나오지는 않았다. 그 불같던 원망과 설움도 온데간데없었다. 그저 쓸쓸한 무덤가와 무성한 풀숲만이 우거져 보일 따름이었다. 남자는 그 길로 다시 자신이 살던 마을로 총총 되돌아갔다고 한다.

> 사실 우리를 괴롭히는 불평과 우울과 분노, 좌절과 자책들 중 대부분은 남의 묘 앞에서 곡을 하듯, 엉뚱한 곳에서 터져 나오는 불필요한 감정의 소모인 경우가 더 많다. 엉뚱한 묘에 대고 욕지거리를 하고 눈물을 쏟아 내고 있는 것이다.

나는 도대체 왜 이렇게 제대로 할 줄 아는 게 없는 건지 스스로를 비난하게 되는 자괴감도 사실 가만 들여다보면 정작 내가 아닌 엉뚱한 사람의 분노가 나한테 옮겨붙은 탓일 수 있다. 반면, 함께 일하는 동료의 행동거지 하나하나가 마음에 안 들고 밉살스러워 출근이 지옥 같은 탓도 어쩌면 동료에게로 옮겨붙은 나의 또 다른 분노일 수 있다. 엉뚱한 곳에서 옮겨붙은 마음을 끙끙거리며 짊어지고 다시 엉뚱한 곳으로 쏟아 내고 있는 것이다. 그렇게 엉뚱한 감정에 휩싸이다 보면 사리분별마저 더욱 어려워진다. 내가 사랑하는 가족과 연인에게로 화가 쏟아지기도 하고, 내가 어쩌지 못하는 엉뚱한 것들에도 화가 나기 시작한다. 버스가 조금 늦어도, 날씨가 궂어도, 신호등이 늦게 켜져도 분노가 일기 시작한다. 내가 통제할 수 없는 것들이 내 맘대로 되지 않는다는 사실들에 화가 난다. 그러면서 그 분노는 결국 '나의 인생', '나의 운명' 같은 거창하고 허황된 것들에까지 옮겨붙어 나를 무너지게 한다. 그러나 나를 무너트리는 이 무시무시한 감정들이 과연 어디에서 와서 어디로 흘러가는지는 혼란 속에 흩어져 버리고 만다. 그저 활활 타고 남은 재처럼 절망만이 남는다.

A씨의 이야기와 속사정

1

　조금 더 구체적인 상황을 살펴보기 위해 어느 평범한 회사원 A씨의 하루를 들여다보자. A씨는 결혼 6년 차에 접어든 맞벌이 아내이자, 5살 난 아들의 엄마이고, 중소기업 회사원이다. A씨는 다소 내성적이고 소심하다. 그래도 비교적 학창시절이나 회사생활을 하면서는 큰 무리가 없이 사람들과 잘 어울려 왔다.

　어느 봄날, A씨 부서의 부장은 A씨에게 이번 주말 부서 야유회에서 사회를 맡으라는 이야기를 전했다. 여차저차 하니 A씨밖에 사람이 없다는 것이다. A씨는 점점 불안해지기 시작했다. 사람들 앞에 나서길 좋아하는 편이 아닌데다가, 사회는 대체 뭘 어떻게 해야 하는지도 감이 잡히질 않았다. 왜 하필 자신에게 이런 일을 시키는 건지 부장이 원망스럽기도 했다. 날짜가 하루하루 다가올수록 A씨의 불안은 점점 더해 갔다. 무슨 핑계로 사회를 빠져야 하나 고민하다가도, 또 사회를 맡으려면 뭘 준비해야 하는지 걱정이 되기도 하고 이러저런 생각들이 초조하게 뒤섞였다.

그러던 중 사무실에서 주말에 비가 오면 야유회가 취소될 수도 있다는 이야기가 스쳐 갔다. 그 뒤로 A씨는 비가 내리기만을 간절히 기다리기 시작했다. 거의 10분에 한 번씩은 기상청 어플에 들어가 주말 날씨를 '새로고침' 했다. 비가 제발 오기를 바라는 마음에 애가 타서 금요일에는 거의 근무를 하지 못할 지경이었다. 틈만 나면 하늘을 올려다보며 구름을 세었다. 기우제를 지내듯 발을 동동 굴렀다.

그리고 대망의 토요일 아침이 밝았다. 야유회가 기다리는 A씨의 출근길은 유독 화창했다. 구름 한 점 없는 맑은 날씨를 보고 A씨의 마음속에선 불쑥 욕지거리가 튀어 올랐다. 왜 하필 이런 날은 꼭 날씨가 이렇게 맑은 건지 화가 나기 시작했다. 예전에 주말 가족 나들이에 비가 왔던 기억까지 떠오르며 부아가 치밀어 올랐다. 대체 왜 이렇게 나를 안 도와주는지 짜증이 났다. 비가 오길 기대해서 사실 사회 준비도 거의 하지 못했는데 말이다. 홧김에 아침밥상에서 칭얼대는 아들에게 그만 빽 소리를 질러 버리기도 했다. 도대체가 집 밖을 나설 발걸음이 떨어지지 않았다. 할 수만 있다면 가다가 교통사고라도 났으면 하는 바람이었다. 하지만 어쩌랴. 먹고살기 위해 결국 A씨는 도살장에 끌려가듯 야유회로 향했다.

야유회가 시작되고 A씨는 떨리는 마음을 부여잡고 사회 마이크를 잡았다. 막상 진행을 하다 보니 사회 자체가 큰 역할은 아니어서 걱정할 만한 큰일은 벌어지지 않았다. 그러나 모든 사람들의 시선이 집중되는 자리란 역시 A씨에게 가시방석일 수밖에 없었다.

그러던 중 갑자기 A씨의 눈에 굳은 표정을 하고 있는 B대리가 들어왔다. 어째서인지 B대리는 똥 씹은 듯한 표정을 하고 행사에 참여를 하는 둥 마는 둥 하고 있었다. A씨는 그 뒤부터 왠지 모르게 자꾸만 B대리의 얼굴을 살피게 되었다. 자신이 어줍잖은 농담을 할 때마다 눈 하나 까딱 않는 B대리의 모습은 왠지 자기를 비웃는 것 같기도 했다. 따분한 표정으로 핸드폰만 들여다보는 모습에는 '내 사회가 너무 어색해서 재미가 없나' 하는 생각도 들었다.

야유회는 잘 마무리가 되었다. 그러나 집에 들어오는 길에도 A씨의 머릿속엔 계속 그 불편함이 남았다. 곱씹을수록 자신이 던졌던 농담들이 너무 무리수인 것 같다는 생각도 들었다. 사람들이 억지로 분위기를 맞춰 주려 웃어 준 것만 같기도 했다. A씨는 점점 더 우울해져만 갔다. A씨 머릿속에서는 '그래 역시 나는 사회적인 사람이 아니야'라는 생각이 들기 시작했다. 그동안 A씨를 내성적으로 만들 수밖에 없었던 과거의 부끄러웠던 일들도 마구 떠오르기 시작했다.

> A씨는 점점 자괴감에 빠져갔다. '몇 명 되지도 않는 부서 야유회 진행조차 하지 못하는데 앞으로 사회생활에서 뭘 할 수 있을까' 싶은 생각마저 스쳐 갔다. 스스로가 너무 부끄러웠다.

A씨는 우울감에 젖어 집에 도착했다. 영 기분이 별로였다. 너무 고된 하루를 보낸 자신을 위로하는 차 남편과 근사한 외식이라도 할까 싶어졌다. 남편에게 언제쯤 퇴근하는지 문자를 보냈다. 그러나 한참이 지나도록 답이 없었다. 한 시간이 지나도록 답이 없자 A씨는 조금씩 초조해졌다. 나는 이렇게 힘들게 토요일을 보내고 왔는데 남편이란 사람은 왜 연락조차 무시하는지 짜증이 나기 시작했다. 그렇게 점점 화가 나려고 하던 중 답문이 왔다. 웬걸. '회사에서 갑자기 야근이 잡혀서 늦게 들어갈 것 같아'라며 건조한 한 문장이 덜렁 왔다.

A씨는 그만 폭발하고 말았다. 내가 이렇게 힘든데 어떻게 남편이란 사람이 위로 한마디도 못 해주는지, 통화 한 번 못 하도록 그렇게 바쁠 수가 있는지 분노가 치밀었다. 대체 왜 이렇

게 살아야 하는지, 뭘 위해서 이렇게 고생하며 살아야 하는지 서러워졌다. A씨는 울분이 차올라 눈물이 뚝뚝 흐르기 시작했다. 뭐 그렇게 서러운지 스스로도 모를 정도로 마냥 모든 게 서럽기만 해졌다.

그러던 A씨의 눈에 엄마 눈치를 살피며 서성이는 아이가 들어왔다. A씨는 다시 아이에게 숙제는 하고 나와 있는 거냐며 고함을 질렀다. 아이는 울음을 터뜨렸다. 아이의 찌르는 듯한 울음소리에 A씨의 마음은 더욱 불안하고 답답해졌다. A씨의 눈물은 더 걷잡을 수 없이 흘러내리기 시작했다. 울음보가 된 집 안에서 A씨는 그렇게 무너져 내렸다.

2

A씨는 내성적이고 소심하다. 내성적인 사람이 야유회 사회를 맡아서 불안해지는 것은 당연하다. 당연히 이런저런 걱정이 들 수 있고, 불안해질 수 있다. 그러나 A씨의 문제는 그 불안이 A씨의 경계를 조금씩 허물기 시작했다는 것이다. 그러면서 A씨는 엉뚱한 곳에 감정을 소모하고, 마음속의 분노와 불안을 점점 더 키우고만 있었다.

사건의 발단은 A씨의 불안이 A씨로 하여금 기우제를 지

내게 만들었다는 것이다. A씨는 점점 '비가 내려야 해!'라고 주문을 외우기 시작했다. 물론 누구나 당연히 그런 마음이 들 수는 있다. 야유회가 너무너무 가기 싫은데 마침 딱 비가 내려준다면 얼마나 좋겠는가. 그러나 문제는 A씨가 이미 그전부터 과도한 불안에 휩싸여 있던 상태라는 것이다.

A씨는 자신의 불안이 과연 적절한 것인지를 판단하지 못하기 시작했다. 단순히 '아, 비라도 왔으면 좋겠다', 싶었던 마음이 '비가 꼭 와야 할 텐데', '반드시 비가 올 거야'라는 애끓는 마음으로 번져 버렸다. 야유회에 대한 불안이 자아의 허물어진 경계를 빠져나와 엉뚱하게도 날씨에게로 옮겨붙은 것이다. 그리고 날씨로 옮겨붙은 그 불안은 점점 A씨를 옭아매기 시작했다. 처음부터 가지고 있었던 야유회에 대한 걱정보다 훨씬 더 강력하게, 하루 종일 날씨만 들여다보느라 업무에 집중하지 못하게 할 정도로 A씨를 불안하게 했다.

날씨는 애초에 A씨가 통제할 수 있는 것이 아니다. 아무리 기상청을 들여다본다 해도, 간절히 기도를 해도 날씨가 바뀌진 않는다. 그러나 A씨에게는 그 당연한 사실이 좀처럼 받아들여지지 않았다. 오히려 그 당연한 사실-내가 날씨를 조절할 수 없다는 사실이 원통하고 억울해지기 시작했다. 야유회 당일, 맑은 하늘을 보며 욕지거리를 뱉으며 분노하던 A씨의 마음은 분명 단순히 '에이 비가 안 오네' 같은 실망의 수준이 아니었다.

그것은 분명 내 마음대로 통제할 수 없는 것을 통제하고자 하는 A씨의 '전능환상'이 빚어낸 좌절이었다.

정리해 보자면, 야유회 걱정에서 시작된 A씨의 불안은 마음의 경계를 약화시켰다. 불안은 약화된 경계를 넘어 엉뚱하게도 날씨로 옮겨붙었다. 비현실의 환상-전능통제의 환상으로 A씨의 눈을 가려 날씨를 걱정하게 만들었다. 그러나 환상은 결국 현실의 벽에 부딪힐 수밖에 없었다. 날씨를 통제할 수 없다는 현실에서 걱정과 불안은 좌절이 되었다. 그리고 이번에는 그 좌절이 또다시 A씨 마음의 경계를 한층 더 강력하게 무너뜨리기 시작했다.

이미 상태가 말이 아니었던 A씨의 마음으로 밀려 들어온 것은 B대리의 불쾌감이었다. 사실 객관적으로 B대리가 불쾌하게 앉아 있었던 이유를 A씨로서는 결코 정확히 알 수 없다. 여자친구와 크게 다퉜을 수도 있고, 아니면 가지고 있던 주식이 급락했을 수도 있다. 변비가 심해 며칠째 화장실을 못 가고 있던 것 때문일 수도 있다. A씨로서는 알 수 없다. 그러나 분명한 것은 B대리는 불쾌감을 스멀스멀 뿜어내고 있었고, 그 감정이 A씨의 마음속으로 뚫고 들어왔다는 것이다.

A씨는 이미 밖에서 들어온 그 감정을 제대로 분간하기 어려운 상태였다. 지금 자신의 마음에 일어오는 이 불쾌감이, B대리의 마음이 넘어와서 느껴지는 불쾌감이라는 사실을 깨닫기가 어려웠다. 그리고 A씨는 워낙 타고나기를 내성적, 내향적인 사람이다. 내향적內向的이란 말인즉, 마음이 기본적으로 안쪽을 향해 있다는 뜻이다. A씨로서는 마음의 안팎이 혼란스러운 와중에 느껴지는 강렬한 불쾌감을 자신 때문에 생겨난 것으로 착각할 수밖에 없었다. 어디서 왔는지도 모를 B대리의 마음을 엉뚱하게도 자기 비난으로 돌려 버리게 된 것이다. 그 자기 비난은 '혹시 내가 이상해서 그런가'라는 얼핏 스쳐 가야 할 생각을 붙잡고 끝없이 부풀린다. '아, 진짜 내가 좀 이상했나 봐', '역시 나는 그런 걸 잘 못해' 같은 생각을 거쳐 '나는 사회생활에 적합하지가 않아', '나는 쓸모없어' 같은 생각까지 이어지며 자신을 향한 비난을 키우고, 한 번 더 깊이 좌절하게 된다.

누구나 감당하기 어려운 감정에 시달리면 점점 더 퇴행하기 마련이다. 미숙한 자아가 마음의 전면으로 드러나기 시작하는 것이다. 미숙하게 퇴행된 자아는 누군가에게 기대고, 위로받고, 의지하고만 싶어진다. A씨도 예외일 수 없었다. 남편에게 연락해서 어서 빨리 방전된 마음을 충전해 달라고 해야만 했다.

그러나 여기서도 마찬가지로 A씨 마음의 경계는 너무나 많이 약화되어 있었다. 남편에게 기대고 위로받고 싶다는 생각에만 매여 버린 탓에 남편이라는 존재를 자신의 자아의 경계 안쪽으로, '나 자신'과 다름없는 위치로 삼켜 버렸다는 사실을 눈치채지 못했다. 젖먹이 시절 '나'라는 존재와 엄마의 존재가, 문자 그대로 한 마음 한 몸에 다름 아니던 그때로 되돌아가 남편과 자신을 하나라고 잠시 착각해 버렸던 것이다. 그래서 A씨는 갑작스러운 야근으로 퇴근이 늦어진 남편을 도저히 이해할 수 없었다. 용납할 수 없었다. '남편이라면 내가 이렇게 힘들 때에 곁에 있어 줘야만 한다'라는 생각에 휩싸였다. '내가 이렇게 힘든데 그것도 몰라준다면 나를 사랑하는 것이 아니다'라는 생각으로까지 번져 갔다. A씨로서는 그럴 수밖에 없었다. A씨는 남편과 하나로 융합되고자 하는 환상에 눈이 가려 현실과 비현실을 혼동하고 있었다. 남편은 독심술처럼 자기 마음을 읽을 수 없고, 남편은 남편 나름의 사정이 있는 나와 다른 존재라는 당연한 현실을 똑바로 바라보지 못하게 되었던 것이다.

그런 이해할 수 없는 경험은 다시 또 엄청난 슬픔과 분노로 뒤바뀌었다. 이번엔 거기서 솟아나기 시작한 분노와 서러움이 A씨의 마음을 다시 가득 채우기 시작한다. 그 넘실대는 분노가 영문도 모르고 나와 있는 어린 아들에게로 전치

Displacement되어 고함으로 터져 나왔음은 더 자세히 들여다볼 필요도 없을 것이다. A씨는 무너진 경계의 한복판에서 '내 마음'과 '내 감정'을 잃고 그저 어디서 어떻게 온 것인지 모를 불쾌감들에 짓눌려 폭발하고 말았다.

내게서 너무 멀어진 마음에 선 긋기

1

A씨의 하루를 돌이켜 보면 그 시작은 충분히 불쾌할 만한 날이었다. 날 좋은 토요일에 회사 야유회에 참석하여 하기 싫은 사회자 역할을 억지로 해야 한다면 짜증나고 화나는 게 당연하다. A씨가 야유회를 걱정하고 짜증내 하는 것은 누구도 뭐라 할 수 없이 충분히 그럴만한 상황이라는 이야기이다. 그렇지만 그것이 과연 A씨 하루의 마지막처럼 분노와 좌절로까지 치닫아야만 했는가에 대해서는 좀 더 곰곰이 생각해 볼 필요가 있다. 누구라도 고개를 끄덕일 만한 불쾌감에서 시작한 A씨의 사정이 걷잡을 수 없는 폭발로 이어지게 된 과정에는 분명 불필요한 감정의 소모들이 너무 많았기 때문이다. A씨는 엉뚱한

것들을 걱정하기 시작했고, 의미 없는 걱정을 하기 시작했다. 엉뚱한 것을 신경 쓰기 시작했고, 엉뚱한 곳에서 없는 불안을 만들어 내기 시작했다. 될 수 없는 일을 바라기 시작했고, 엉뚱한 대상에 분노하게 되었다. 그리고 그 감정의 오락가락 속에서 A씨는 처음의 불안을 점점 더 키워 냈다. 마치 눈덩이를 굴리듯 점점 더 새로운 불안, 새로운 분노를 덧붙여 가며 스스로를 좌절로 몰아갔다.

A씨의 이야기는 사실 어느 정도씩은 우리 모두의 이야기이다. A씨의 하루로 다 담지 못했던 수많은 불안과 분노, 슬픔들 역시 마찬가지이다. 우리를 좌절로 이끄는 수많은 관계들 역시 마찬가지이다. 우리는 '나'의 범주를 규정하는 자아의 경계가 무너질 때에 이토록 속수무책으로 혼란스러워한다.

우리 모두 A씨처럼 직장에서 받은 스트레스에 가족들에게 엉뚱하게 화풀이를 하며 모진 말들을 내뱉곤 한다. 감당하기 어려운 스트레스를 품은 채 집에 들어와 가족들의 사소한 잘못에 그 분노를 내던진다. 지금이 몇 시인데 이러고 있느냐며, 대체 언제까지 그럴 거냐며 말이다. 혹은 공모전이나 시험에 실패한 스스로에 대한 자격지심을 엉뚱한 사람에게 내던지기도 한다. 공모전을 잠시 도왔던 친구에게 잘못을 떠넘기며 화를 내거나, 심지어는 엉뚱하게 엄마한테 화풀이를 하기도 한다. 지난주에 미역국을 끓여 줘서 그런 거라며, 어쩜 그렇게 배려가 없을 수 있고 무신경할 수 있느냐며 말이다.

　우리는 분명 때때로 나보다 성숙한 누군가가 나의 감정을 대신 처리해 주길 기대하는 어린아이처럼 나의 분노를 엉뚱하게 내던지곤 한다. 또는 정반대로 그렇게 화풀이하는 누군가의 분노를 받고 버거워하기도 한다. 자기 일로 화가 난 친구가 모질게 내던지는 화풀이를 움켜쥔 채, 진짜 그게 내 감정인 줄 알고 밤새 눈물을 흘리기도 한다. 그저 흘려보낼 친구의 화풀이를 엉뚱하게 우리가 직접 떠안고 깊은 상처로 마음에 새기며 슬퍼한다. 우리는 내 것이 아닌 감정을 짊어지고 끙끙거리기도 하고, 말도 안 되는 것들을 기대하며 슬퍼하기도 한다. 그러면서 그 혼란 속에 길을 잃고 절망으로 향해 가곤 한다.

　그 혼란 사이에서 '너'와 '나'를 가르는 경계가 허물어져 있음을 발견하게 된다. 현실과 비현실을 구분할 경계가 끊어져 있음이 드러난다. 우리는 진짜 '나'와 '나다움', '내가 있어야 할 곳'을 혼돈 속에 잃어버리고 있다. '나'는 사라지고, 조각난 경계들 사이를 오가며 눈덩이처럼 커져 가는 고통들만이 정처 없이 구르고 있을 따름이다.

다시 〈인셉션〉의 장면들을 들여다보면, 꿈속을 탐험하는 일당들은 각자 '토템'을 하나씩 들고 다닌다. 토템은 지금 자신이 있는 이곳이 현실인지 아니면 다른 사람의 꿈속인지를 판별하게 해주는 물건이다. 드림머신을 이용해 다른 사람의 꿈속으로 들어가다 보면, 이곳이 어디였는지를 헛갈리게 되기가 십상이기 때문이다. 토템은 팽이나 체스말, 주사위 같은 작은 물건이다. 각자 토템의 질감이나 무게 중심 등의 독특한 특징은 토템 주인인 본인들만이 알고 있다. 그리고 수시로 주머니 속에 손을 넣어 이 토템이 어떠한지를 만져 본다. 그래서 만약 항상 들고 다니던 토템이 없어졌거나, 자신이 알고 있던 그 고유한 특징과 다른 형태라고 한다면 이곳이 다른 누군가의 꿈속이라는 것을 알아챈다. 다른 사람의 꿈이라면 본인만 알고 있던 그 토템을 꿈속에서 제대로 구현해 내지 못했을 테니 말이다.

지금 관계의 무게에 짓눌려 낑낑거리는 우리들에게도 토템이 필요하다.

지금의 나를 내리누르는 이 마음이 과연 정말 내 마음인지를 판별하기 위한 토템이 필요하다. 혹시 다른 누군가의 마음이 아닌지, 다른 곳으로 옮겨붙은 내 마음은 아닌지를 판별하기 위한 토템이 필요하다. 그래서 내 자책감이 사실 내 마음이 아니었음을 알 수 있기만 한다면, 그럴 수 있다면 이렇게 무의미하게 감정을 소모할 필요도 없다. 혹은 나를 괴롭히는 저 밉살스러운 모습이 사실은 엉뚱하게 그리로 던져진 내 마음일 뿐이었음을 알 수 있다면, 이렇게 불필요하게 누군가를 미워할 필요도 없다. 지금처럼 엉뚱한 곳에 분풀이를 하고 엉뚱하게 자책할 필요가 없다. 나를 괴롭히는 이 감정이 과연 누구의 마음이었는지를 깨달을 수만 있다면 말이다.

지금 우리에게 필요한 것은 목구멍까지 치밀어 오른 분노를 토해 내기 전, 주머니에 손을 넣어 토템을 만져 볼 여유이다. 그래서 지금 나의 마음이 현실에 두 발을 붙이고 있는 것인지, 아니면 나의 환상 속으로 붕 떠버린 것인지를 판별할 수 있어야 한다. 우리는 분명, 지금의 내가 존재하는 곳이 어디인지, 내 마음이 어디에 붙어 있는지를 구분해 줄 경계의 선을 다시 선명하게 그려 낼 필요가 있다. 더 이상 불필요하고 엉뚱하게 지쳐 가지 않기 위해서 말이다.

Ⅴ. 어떻게 내 마음을 단단히 움켜쥘 수 있을까?

지금, 여기

운동 삼아 요가를 해본 적이 있는 사람이라면, 요가란 것이 단순히 뻣뻣한 팔다리를 늘려 주는 스트레칭이 아니라는 것을 알 것이다. 요가에서 이리저리 몸을 기괴하게 접어 대는 과정은 사실, 통증이라는 '감각'과 고통이라는 '감정'을 분리해서 바라보기 위한 명상의 과정이다.

요가 자세처럼 두 다리를 쭉 편 채 양쪽으로 최대한 벌리고 앉아서 최대한 앞으로 몸을 숙이며 양손을 뻗어 보자. 유연성 부족한 몸의 안타까운 버둥거림과 함께 가랑이 안쪽에서는 근막이 찢어지는 듯한 아픔이 쫘악 올라온다. 그러나 요가에서는 그 아픔이 느껴지는 순간, 거기에 저항하지 않는다. 아픔을 꾹 참고 다리를 더 많이 찢기 위해 낑낑대지 않는다. 그보다는 다리와 가랑이에서 전해져 오는 감각을 있는 그대로 받아들인다. 근육의 펴짐과, 근막의 늘어남, 피부의 당김을 그대로 받아들이고 흘려보낸다. 그 통증의 감각을 붙든 채 '괴롭다'라는 감정과 생각으로 키워 내지 않고 있는 그대로 흘려보낸다. 그 감각에서 고통을 찾고 피하거나 견뎌 내려 애쓰지 않는다. 오히려 그 안에서 편안함을 찾는다.

요가에서는 그 받아들임, 흘려보냄을 해낼 수 있는 방법을 '호흡'에서 찾는다. 우리가 무의식적으로 숨을 들이쉬고 내쉬고 있는 그 호흡의 과정에 좀 더 의식적으로 집중하는 것이다. 천천히 들이마시며 숨이 내 몸속으로 들어오는 느낌, 그리고 그 숨이 천천히 내 몸을 빠져나가는 느낌에 집중한다. 요가를 하는 동안에는 호흡에 집중함으로써, 얽매이지 않은 채로 그 통증을 지켜볼 수 있다. 통증을 있는 그대로 받아들이되, 거기에만 집중하며 '아프다', '아프다' 하며 괴로워하지 않을 수 있는 것이다. 그러면서 우리는 깨달을 수 있다. 우리를 고통스럽게 하는 것은 사실 감각 그 자체가 아니라, 우리의 생각과 감정의 '얽매임' 때문이라는 사실을 말이다. 우리의 마음은 지금 여기, 매 순간 호흡하는 지금 여기를 벗어나 '아프다', '고통스럽다', '벗어나고 싶다'와 같은 생각과 판단들에 얽매일 때에 스스로 번뇌에 빠져 버린다는 것을 깨닫게 된다. 지금 느껴지는 이 가랑이의 '감각'이 나를 괴롭히는 '감정'과 동일한 것이 아님을 분리할 수 있게 된다.

요가에서 역설하는 것은 바로 그것이다. 지금 여기에 존재하는 나의 마음을 있는 그대로 알아차리고 받아들이자는 것이다. 고통과 번뇌에서 내려와 지금 여기Here and Now로 돌아오자는 것이다.

〈인셉션〉에서 주인공 코브는 일본계 기업인 사이토에게서 비밀을 얻어 내기 위해 드림 머신을 이용한다. 미리 설계해 둔 꿈속에 현실 속 사이토의 비밀 아지트와 똑같은 건물을 만들어 놓고, 사이토를 잠재운 뒤 몰래 드림 머신에 연결시킨다. 그 꿈속에서 코브는 사이토를 바닥에 엎어트리고 뒤통수에 권총을 겨누며 협박한다. 당장 비밀을 털어놓으라며 소리친다. 지금 있는 곳이 꿈속임을 알 턱이 없는 사이토로서는 그저 마룻바닥 카펫 위에 엎드려 당황해할 수밖에 없었다. 그러던 중 양탄자에 머리를 묻고 있던 사이토는 갑자기 큭큭 웃음을 흘리며 이야기한다.

> "이 카펫, 항상 바꾸고 싶었었지… 그런데 그건 양모였어… 이건 폴리에스테르야."
> "그 말인즉… 나는 아직 꿈속에 있는 것이란 거지."

뒤통수에 권총이 겨누어져, 비밀을 털어놓기 직전까지 몰려간 상황에서, 사이토에게 지금 있는 곳이 꿈속임을 알려 준

것은 우습게도 카펫의 털오라기 하나였다. 목숨이 오가는 절체절명의 순간에 뜬금없게도 사이토의 눈에는 카펫의 털오라기가 들어온 것이다. 뒤통수를 겨누는 권총. 겁박하는 고함소리. 창밖에서는 군중들의 함성과 총격. 그 혼돈과 공포의 아비규환에서 사이토는 '어떻게 하지', '지금 저 녀석이 권총을 쏘면 어떡하지', '죽고 싶지 않아', '무서워', '두려워' 같은 괴로운 생각과 감정에서 잠시 내려와 지금 여기-Here and Now에 발을 붙였던 것이다. 당장 죽을지도 모른다는 공포, 그리고 그 공포가 자아내는 수많은 생각들의 소용돌이에서 빠져나와 지금 눈앞의 카펫 털오라기에 집중했다. 만약 사이토가 그곳 마룻바닥에 엎드려 두려움에만 계속 얽매였다면 그의 마음이 존재하는 곳은 마룻바닥 양탄자 위가 아닌 자기 자신의 '공포'라는 감정 속이었을 것이다. 그러나 그 맹렬한 감정 속에서 잠시 내려와 진짜 내가 있는 곳, '마룻바닥 위 카펫'으로 돌아올 때 사이토는 깨달을 수 있었다. 지금 내 뒤통수를 겨누는 권총의 공포가 실은 꿈속의 허상에 불과했다는 사실을 말이다.

꿈속에서는 내가 꿈속에 있다는 사실을 알아차리기가 쉽지 않다. 아무리 이상한 것도 꿈에서는 전부 당연하게만 느껴지기 때문이다. 당연한 것들에 대해서 우리는 자세히 고민하지 않는다. 당장 옆에 있던 사람이 어느 순간 다른 사람으로 바뀌어도 그저 그러려니 하고 받아들인다. 그것이 현실이라고 착각한다.

　마찬가지로 무너지는 경계와 함께 우리의 마음은 종종 현실을 잃고 헛다리를 짚지만, 우리 스스로는 그 사실을 알아차리기가 쉽지 않다. 엉뚱한 곳을 짚어가는 우리 마음의 무의식적 판단들이 자연스럽게만 느껴지기 때문이다. 고민하거나 되돌아볼 여지도 없이 너무 자동적으로 이루어지기 때문이다. 순식간에 지나가 버리는 그 과정 속에 우리의 이성이 개입할 여지는 많지 않다. 오히려 그 속에서 우리를 이끄는 것은 이성을 잃어버린 '감정'이다. 우리는 감정에 휩싸여 눈앞의 현실을 들여다볼 여유를 잃어버리고 있는 것이다. 감정에 휩싸이는 순간 경계는 무너지고, 현실에서 두 발이 떨어진다. 비현실의 환상에서 허우적거린다.

　우리가 감정의 무논리에 휩싸여 환상 속으로 부웅 떠오를 때, 우리를 현실로 다시 안착시켜 줄 수 있는 것 역시 지금-여기로의 집중이다. 혼돈과 두려움, 불안과 분노에 휩싸여 있을 때에 가장 먼저 돌아보아야 할 것은 바로, '지금 내가 딛고 있는 이곳이 과연 어디인가' 하는 근본적인 물음이다. 우리는 비현실의 허우적거림에서 빠져나와, 모든 걸 잠시 멈추고 주머니 속 토템을 만져 볼 여유를 먼저 가질 수 있어야 한다. 지금, 여기를 바라볼 마음의 여유가 먼저 필요한 것이다.

불행 속 고통에서 탈출하기

불행은 피할 수 없는 현실이다. 누구라도 언젠가는 불행과 마주칠 수밖에 없다. 아무리 금수저에 행운아라 할지라도 일생 동안 매번 불행함을 피해갈 수만은 없다. 모두가 조금씩은 씁쓸한 인생을 살고 있다.

그런데 우리는 종종 그 불행함이 [우울, 좌절, 불안, 슬픔] 따위의 것들과 똑같은 것이라고 착각하곤 한다. 불행하기 때문에 우울하고, 불안하고, 좌절하고 있는 것이라고 믿는다. 어쩔 수 없는 불행에 빠졌기 때문에 당연히 어쩔 수 없이 절망하게 되는 것이라고 생각한다. 그러면서 우리는 절망을 합리화한다. 그럴 수밖에 없었다고, 어쩔 도리가 없는 것 아니냐고 말이다. 우리는 그 좌절이 '나'라는 존재의 어쩔 수 없는 일부라고 받아들이고 싶어 한다. 그것만이 우리에게 잠시나마의 위안을 줄 것이라는 집착에서 벗어나지 못한다. 그렇게 생각하는 것이 차라리 더 편안할 것이라는 얄팍한 자기 위로에 안주한다. 일상의 불행을 인생의 좌절로 주조해 내는 습관에 익숙해진다. 그러면서 익숙하게 분노하고 익숙하게 불안해한다. 익숙하게 좌절한다.

하지만 좌절은 합리화한다고 하여 결코 사라지지 않는다. 그 합리화는 결코 우리를 편안케 해주지 않는다. 오히려 합리화된 좌절은 더욱 반복될 따름이다. '어쩔 수 없는 것'이라는 자조 섞인 굴복을 타넘고 수없이 반복된다. 그렇게 반복되는 좌절은 인생, 팔자 같은 거창한 것들에 함입되며 우리의 자아에 스며들기 시작한다. 좌절이 곧 운명이 되어 버린다. 우리가 스스로 일상의 작은 불행을 합리화하는 순간, 우리는 결국 거기에 뒤따를 우리 인생 전체의 좌절마저 감내해야 한다.

따라서 우리는 무엇보다 그 좌절을 '당연한 것', '어쩔 수 없는 것'으로 제쳐 놓는 그 합리화의 굴레에서 벗어나야만 한다. 어쩔 수 없는 불행을 맞이하였지만, 그곳에서 자라난 좌절은 분명 우리의 집착임을 받아들여야만 한다. 그 불편하고 억울하고 괴로운 사실을 받아들여야 한다.

불교에서는 '고통이 너를 붙잡고 있는 것이 아니다. 네가 그 고통을 붙잡고 있는 것이다'라고 이야기한다. 불행이 피워 낸 '아픔Pain'을 좌절로 인도하는 '고통Agony'은 분명 우리가 그것을 붙들고 내려놓지 못하고 있기 때문이다. 그리고 더욱 근본적으로 우리가 각자의 무너진 경계 사이에서 혼란스러워하고 있기 때문이다. 이곳과 저곳을 잃고 혼돈에 빠져 있기 때문이다.

불행 자체를 피할 수는 없다. 불행은 우리의 바깥에서 생기는 것이기 때문이다. 그리고 사실 그 불행의 아픔 탓에 우리 마음의 경계가 조금씩 허물어져 가는 현상 또한 자연스러운 일이다. 우리 자아의 경계는 얼마든지 허물어지고 다시 세워지고, 무너지고 다시 채워지곤 할 수 있다. 하지만 중요한 것은 그 과정을 재빨리 알아차려야 한다는 것이다. 지금 '나'에게 정말 어떤 일들이 벌어지고 있는 것인지, 지금 '나'에게 밀려오는 이 감정과 생각들이 정말 어떤 것들인지를 알아차려야 한다. 그리고 그것을 알아차리기 위해서는 먼저 그것을 바라볼 줄 알아야만 한다.

하지만 우리가 나 자신의 경계를 직접 눈으로 보고 알 수는 없다. 무너진 경계 그 자체를 우리가 직접적으로 바로 알아차릴 수는 없다. 나의 경계는 보이지 않는 나의 무의식 속에 그려져 있기 때문이다. 다른 사람의 마음이 나의 허물어진 경계를 스르르 타넘고 들어와, 그것이 마치 원래 '내 마음'이었던 것처럼 혼동된다 해도 직관적으로는 아주 자연스럽게만 느껴진다. 일단 내 마음이라고 느껴져 버렸다면, 그 감정과 생각을 따라가기만 해서는 사실 그게 밖에서 들어온 엉뚱한 마음이었음을 알아차리기가 결코 쉽지 않다. 역설적이게도 나의 경계는 나의 손에 잡히질 않는다. 그러니 그 경계가 무너졌다는 순간을 알아차리기 위해 열심히 그 부글부글 거리는 감정과 생각들 사이를 헤맨다 해도 큰 소득을 얻기는 어렵다.

그런 뜬구름 같은 것들 말고, 우리를 진정 현실로 되돌려줄 열쇠는 바로 '지금, 여기Here and Now'에 있다. 지금. 여기. 내가 서 있고 숨 쉬고 있는 지금 여기에 내가 어떻게 존재하고 있는지, 지금 여기의 관계가 어떻게 이루어졌는지, 지금 여기의 불행이 어떻게 닥쳐왔는지를 들여다볼 때에 우리는 비로소 우리의 무너진 경계와 마주할 수 있게 된다.

〈인셉션〉 속의 주인공 일당이 토템을 만지작거리는 것, 그리고 사이토가 카펫의 폴리에스테르 털오라기를 만지작거리는 것은 그들로 하여금 현실과 꿈을 분별할 수 있게 해준다. 그리고 그렇게 할 수 있는 비결은 그것들이 지금, 여기를 먼저 바라보게 해주는 행동이라는 사실이다.

총알이 빗발치고 폭도들의 아우성이 오가는 공포와 혼란의 틈바구니에서 나도 모르게 솟아나는 나의 '감정', '생각' 같은 것들보다는 일단 '지금, 여기'를 먼저 바라보게 해줘야 한다. '내 감정', '내 생각', '나의 것과 너의 것'이라고 아주 자연스럽게 떠오르는 그런 본능적인 것들의 결론을 쫓아가서는 안 된다. 그보다 우선 지금 여기에 무엇이 어떻게 있는지를 먼저 바라봐야 한다. 만약 토템이 주사위라면 주머니 속 주사위를 만지작거리며 이 주사위의 촉감이 어떠한지, 무게 중심은 어떠한지, 크기나 모양이 손끝에 닿는 느낌은 어떠한지에 집중한다. 지금 내가 꿈속에 있는 것은 아닌지를 검열한다.

마찬가지로 우리가 관계 속에서 몸 달아 할 때 역시 가장 먼저 따라가야 할 대상은 우리의 감정이 아니다. 우리의 머릿속을 꽉 메우는 괴로운 생각들이 아니다. 지금, 여기 그리고 나에게 먼저 집중을 해야 한다. 이미 무너져 버린 경계를 오가며 혼란스러워하는 우리의 감정과 생각을 믿고 쫓아가기보다는, 진짜 지금 현실을 먼저 바라보아야만 하는 것이다.

물론 그 과정 또한 여전히 고통스러울 수 있다. 마구 솟아나는 아픔에 우울과 분노가 두 눈을 가릴 수도 있다. 지금, 여기를 바라보고자 노력하는 내 눈을 삽시간에 가려 버리고, 다시 감정의 불구덩이로 뛰어들게 할 수 있다.

하지만 그럼에도 일단 해보는 것이다. 지금의 호흡에 집중하고, 지금의 감각에 집중해 보는 것이다. 우선 지금 내가 어떻게 숨을 쉬고 있는지, 어떤 것들을 느끼고 있는지 말이다. 그래서 '지금' 내 오감이 전해 주는 나의 '여기'로 내 마음을 다시 끌어오는 것이다. 만약 그럴 수 있다면, 그래서 이곳의 내가 어떻게 존재하고 있는지의 느낌에 진정으로 집중할 수 있게만 된다면, 우리는 분명 현실로 다시 돌아올 수 있다. 지금 내가 앉아 있는 이곳으로 다시 돌아올 수 있다.

그런 뒤에야 우리는 지금 여기의 '관계', '진짜 관계'를 바라볼 수 있다. 이곳에서 정확히 어떤 일이 벌어지는지를 하나씩 하나씩 천천히 바라보고 헤아릴 수 있게 된다. 가까스로 되찾은 현실의 감각을 놓치지 않고 하나씩 들여다보기 시작해야 할 차례인 것이다. 우리는 좀 더 분명하게, 이 고통스러운 관계가 정확히 어떠한 모습이고 어떠한 형태인지 살펴볼 수 있다. 또, 그 한복판에 서 있는 지금 나의 감정과 생각은 어떤 모습들인지를 하나씩 뜯어볼 수 있다. 쉼 없이 샘솟는 감정과 생각에 맞서 싸우려 들거나, 그로부터 도망치는 것이 아니라, 그것을 우선 똑바로 바라보는 것이다.

감정과 생각을 똑바로 바라보아야 한다는 것은, 온몸으로 느껴지는 불안과 분노, 그 고통을 이 악물고 버티라는 이야기가 아니다. 그렇다고 그 견디기 힘든 감정을 무시하고 억눌러야 한다는 것 또한 결코 아니다. 그저 단순히 내가 지금 이 불안과 분노를 온몸으로 느끼고 있음을 받아들이고, 좀 더 자세히 들여다보자는 것이다.

그렇게 될 수 있다면, 우리는 활활 타오르기만 하던 그 감정의 불덩어리를 조금씩 담담하게 바라볼 수 있게 될 것이다.

예전처럼 타오르는 불길을 무작정 방치한 채 도망가지 않고, 그렇다고 다짜고짜 불길 위로 몸을 내던지지 않고 좀 더 정확히 그것을 확인할 수 있게 될 것이다. 그 불덩어리를 좀 더 자세히, 찬찬히 들여다볼 수 있게 될 것이다. 지금, 여기라는 진짜 현실에 단단히 발을 붙인 채 말이다.

그러다 보면 나 자신을 통째로 집어삼킬 것만 같던 그 불덩어리가 사실은 그렇게 무서운 것이 아니었다는 걸 문득 깨닫게 될 수도 있다. 그렇게까지 고통스러워하고 아파할 것만은 아니라는 사실을 깨닫게 될 수도 있다. 잠시 불이 붙었다 할지라도 내가 더 이상 탈 것을 던져 주지만 않는다면 곧 사그라들 작은 불꽃이라는 것을 깨닫게 될 수 있다. 거대한 화마火魔인 줄 알았던 불길이 실은 조그마한 모닥불이었음을 깨닫게 될 수 있다.

그때에야 비로소 우리는 우리의 마음을 진정으로 바라볼 수 있게 된다. 저 불덩어리를 던져 준 우리의 불행이 곧 우리의 절망은 아니었음을 깨달을 수 있는 것이다. 불행은 단지 나의 경계를 잠시 무너뜨렸을 뿐, 진짜 고통은 사실 그 경계에서 휘청이고 있던 나 자신의 절망이었음을 깨닫게 될 수 있다.

마음챙김과 마음의 경계

1970년대 후반, 미국의 존 카밧진Jon Kabat-Zinn이라는 사람은 마음챙김Mindfulness에 기반한 스트레스 관리법 프로그램MBSR-Mindfulness Based Stress Reduction을 개발했다. 마음챙김은 수천 년 전부터 동양에서 요가나 불교 철학을 통해 발전되어 온 심신 수련과 명상법이다. 존 카밧진은 그것을 구체적이고 구조화된 현대 정신의학의 치료 기법으로 도입하기 시작했다. 실제로 그는 베트남의 틱낫한 스님이나 우리나라의 숭산 스님으로부터 직접 가르침을 받기도 했다고 한다. 그 뒤로부터 지난 30년에 걸쳐 연구가 지속되었고, 마음챙김은 현재 그 정신과적 치료 효과가 충분히 검증된 주류 심리치료 기법으로 인정받고 있다.

그 연장선인 MBCTMindfulness based Cognitive Therapy에서는 가장 먼저 도달해야 할 과제로 '알아차림'을 이야기한다. 알아차림이란 바로 앞서 이야기한 것처럼 감각感覺에 집중하는 과정이다. 손끝에 닿는 토템의 감각, 눈앞에 있는 카펫 털오라기의 모양, 그런 것들처럼 나에게 다가오는 그 감각에 집중하고 그것을 알아차리는 것이다. 무심코, 자동적으로 받아들이고 있던 그 수많은 감각들을 하나씩 알아차려 보면서, 그 알아차림을 통해 번뇌에서 현재로 내려오고자 하는 것이다.

마찬가지로, 무너져가는 자아의 경계에서 혼란에 빠지지 않기 위해서는 지금 나의 경계가 무너져가는 감각 또한 '알아차릴 수' 있어야 한다. 신체 감각의 알아차림을 통해 지금 여기 내가 존재하는 곳에 도달한 뒤에는, 그 무너짐의 과정 또한 무의식 깊은 곳에서 지금 여기로 끌어 올려야만 한다.

대부분 우리는 매 순간순간을 자동적으로 살아가고 있다. 책을 읽을 때에도, 밥을 먹거나 길을 걸을 때에도, 일을 하거나 운동을 할 때에도, 심지어 멍 때리고 있는 순간에도 말이다. 우리는 지금 여기에서 들리는 소리, 보이는 것, 느껴지는 감촉 같은 감각들을 알아차리지 못한 채 자동적으로 움직이고 생각하고 느끼고 있다. 내 귀에 지금 어떤 소리들이 들어오고 있는지, 시야엔 어떤 것들이 보이고 있는지, 지금 내 몸엔 어떤 감촉들이 느껴지고 있는지를 우리는 매번 하나하나 느끼고 인식하지 않는다. 그런 감각들은 무의식적으로 받아들여지고, 자동적으로 처리되고 있다. 그리고 이러한 사정은 외부 감각뿐만 아니라, 우리가 내적인 감정과 생각들을 처리할 때도 마찬가지이다.

우리를 괴롭히는 수많은 번뇌들은, 외적이든 내적이든 일단 어떤 [자극]에서 시작한다. 문제는 그 [자극]들이 [자극] → [감정] → [분석, 판단] → [행동, 느낌]의 단계들을 거치는 과정 역시 아주 자동적으로 이루어진다는 것이다. '나', '내가 아닌 것', '현실', '비현실'과 같은 구분들이 아주 빠르고 무의식적으로 이루어진다. 우리가 느끼고 행동하는 '의식'의 영역에는, 그 무의식적 처리 과정의 최종 결과물만이 덜렁 던져지고 있다. 그리고 그 최종 결과물은 의식 속에서 아주 당연하고 자연스럽게 받아들여진다. 심지어 그 구분의 기준이라는 자아의 경계가 무너져 버려 엉터리로 분류된 [분석, 판단]의 결과들이라 할지라도 아무 의심 없이 받아들여진다.

그것이 바로 우리를 혼돈과 번뇌로 안내하는 첫 단계인 셈이다. 그러므로 우리는 반드시 그 무의식적인 과정을 알아차릴 수 있어야 한다. 알아차려서 다시 한 번 검열하고, 다시 한 번 분석해 볼 수 있어야 한다. 엉뚱한 감정에 지쳐 가지 않기 위해서 말이다.

불쾌감을 바라보기

  첫 번째 단계의 목표는 불쾌감을 알아차리는 것이다. 우선 불쾌감이라는 씨앗에서부터 그 모든 혼란이 자라나기 때문이다. 우리를 불쾌하게 만드는 것들은 많다. 관절염으로 욱신거리는 무릎의 통증이나 만성 두통의 지끈거리는 통증 감각에서 발생한 '고통'이라는 감정은 분명 불쾌감으로 다가온다. 목 뒤 스웨터 상표의 까슬거림 같은 감각이나 후덥지근한 무더위에 끈적끈적함이라는 감각에서 발생한 '짜증'이라는 감정 역시 불쾌감으로 던져진다. 누군가의 비난과 멸시를 받으며 생기는 '수치'라는 감정 역시 견디기 힘들도록 불쾌하다. 혹은 가족의 사고나 사업 실패에서 발생한 '슬픔'이라는 감정이 불쾌감의 범인일 수도 있다. 뿐만 아니라, 출처를 모르겠는 분노, 이유 없는 우울, 불안 등의 수많은 감정들이 우리를 불쾌하게 만들 수도 있다. 중요한 것은 원인이 무엇이건 그 감각, 그 불쾌함의 감각을 우리가 '알아차릴' 수 있어야 한다는 것이다. '내가 지금 불쾌하다'라는 감각을 알아차리는 것에서부터, 불쾌감을 떨쳐 내기 위한 노력의 첫 단추를 꿸 수 있다.

물론 '불쾌함은 그냥 저절로 느껴지는 것이지, 그것을 알아 차리는 게 중요하다는 건 또 무슨 뚱딴지같은 소리지'라는 의 문이 들 수는 있다. 그러나 막상 우리가 진짜로 감당하기 어려 운 불쾌감에 휩싸이는 순간들을 들여다보면, 정작 우리는 그 불쾌함을 제대로 자각하지 못하고 있는 경우가 더 많다. 그 불 쾌감이 본격적으로 의식에 닿아, 우리가 [느끼고], [행동]으로 쏟아 내기 전까지는 미처 깨닫기 힘들다.

얼굴이 벌겋게 달아오르고, 가슴이 두근거리면서도, 누가 봐도 심기가 뒤틀려 이리저리 툴툴대고 있으면서도 막상 '지금 내가 불쾌하다'라는 감각은 아직 알아차리지 못하고 있는 경우 가 많다. '저 사람은 진짜 나쁜 놈이구나', '아 저 인간이 일부러 저러는구나', '왜 나만 이렇게 되었지'라는 생각들로 머릿속이 가득 차도, 스스로는 그저 그렇게 '생각'만 하고 있을 뿐, 아직 뱃속을 뒤트는 '감정'에 대해서는 눈치채지 못할 때가 많다. 심 지어는 '멀쩡하다', '아무렇지 않다'며 스스로에게 거짓말을 하 는 경우도 있다. 아니 어쩌면 정말 스스로는 '아무렇지 않다'고 착각을 하고 있을 수도 있고 말이다.

그러다 어느 순간, 외면당하고 있던 그 불쾌감은 엉뚱한 시점에 엉뚱한 곳을 향해 쏟아져 나온다. 더욱 감당하기 어려운 크기로 자라난 채 말이다. 그리고 그 엉뚱한 시점과 엉뚱한 방향은 불쾌감을 또 다른 불쾌감으로 증식시킨다. 따라서 우리는 그렇게 불쾌감이 엉뚱한 곳에 옮겨붙기 전에, 그 감각이 우리를 뒤흔들려 하고 있음을 '제때에' 알아차려야 한다.

하지만 우리가 그러지 못하고 있는 이유는, 그 불쾌감의 원인이 아직 밝혀지지 않았기 때문이다. 스스로 납득할 만한 원인을 찾지 못했기 때문이다. 원래대로라면, 그 불쾌감이 우리의 의식에 도달하기 위해서는 그것의 신원정보가 밝혀져야만 한다. 그 불쾌감이 어디에서 온 녀석인지, 현재 어디에 속한 녀석인지를 밝히는 신원 정보가 [분석, 판단] 되어야 한다. 그래서 대강이라도 어떤 정체인지 이름표가 붙여져야만 하다. 그래야 우리는 그것을 제대로 '의식'할 수 있다. 보통은 그 과정이 순식간에 이루어지지만, 때때로 우리가 감당해 내지 못하는 강렬한 불쾌감은 그 과정을 한참이나 지연시키기도 한다. 쉽사리 판단하기 어렵게 만든다. 즉, 그것을 [분석, 판단]할 기준인 '경계'를 뒤흔드는 것이다. 그래서 우리는 스스로가 지금 힘들어하고 있다는 사실을 제대로 눈치채지 못하게 된다. 불쾌감을 자각하지 못하게 된다.

불쾌감을 제대로 의식하기 위한 첫 번째 방법은 나도 모르게 불쾌감이 올라오기 시작하는 그 순간의 무의식적인 변화, 전조증상을 찾아내는 것이다. 전조증상을 찾는 구체적인 방법은 그때 때 상황마다, 각각 사람마다 다를 수 있다. 어떤 한 가지 방법이 정해져 있지는 않다. 각자 자신의 방법을 찾아야 한다.

전조증상은 매번 반복되는 감정의 파도를 경험하면서 찾아낼 수 있다. 수없는 분노와 불안의 파도에 매번 맥없이 휩쓸리게 된다 하더라도, 그 각각의 파도를 좀 더 유심히 관찰해 볼 수만 있다면, 우리는 분명 그 힌트들을 찾아낼 수 있다. 우리를 괴롭게 하는 마음의 변화가 어떤 단계에서 어떻게 일어나는지를 자세히 관찰해 볼 수 있다면 말이다.

때에 따라서는 평상시와 달리 말투가 변하기 시작하게 될 수도 있다. 나도 모르게 퉁명스러워지는 말투나 격한 표현들이 입에서 튀어나오는 것을 발견하며 나의 무의식적인 분노를 눈치챌 수 있다. 혹은 더듬거리고 우물우물해지는 말투에서 불안을 미리 알아차릴 수도 있다. 무관심해지고 줄어드는 말 수에서 나의 우울을 미리 알아볼 수도 있다. 아니면 꼭 말투가 아니라 어떤 신체의 변화로 나타날 수도 있다. 가슴이 두근거리기 시작한다든지, 얼굴에 화끈하게 열이 올라오는 것처럼 말이다. 심할 때면 이명이 들리기 시작할 수도 있고, 어지러움증을 느끼게 될 수도 있다. 혹은 행동의 변화로 그 불쾌감이 드러나기 시작할 수도 있다. 평소보다 갑자기 거칠게 운전을 하게 될 수도 있고, 불필요하게 뛰거나 다급하게 행동하게 되는 식의 변화가 나타날 수도 있다.

중요한 것은 그것이 어떤 것이 되었건 간에 매번 어떤 일정한 패턴으로 반복되는 힌트라는 것을 발견할 수 있어야 한다. 그러기 위해서는 감정이 폭발하고 지나가 버린 순간들마다, 다시 그 폭발의 전후 요소요소들을 천천히 복기해 보는 연습을 해보아야만 한다. 폭발의 전조증상들을 더듬어 보아야 한다. 그 사건에서 내가 '불쾌감'을 느끼기 시작한 순간은 구체적으로 어떤 순간이었는지, 그때 어디에서 무얼 하고 있었는지, 그때 나의 행동이나 기분, 말투나 태도 등에서 평소와는 달라진 것들은 무엇이 있었는지 차분히 생각해 보아야 한다. 마치 셜록 홈즈가 범죄 현장을 수사하듯 꼼꼼히 말이다. 그리고 그러한 수사를 여러 차례 반복하다 보면 분명 어떤 지점, 전조증상 뒤에 어떤 감정이 스멀스멀 올라오기 시작했는지 그 패턴을 짝지을 수 있다.

나만의 전조증상을 찾아낸 뒤에는, 이제 진짜로 매일의 일상 속에서 그 증상이 나타나는 순간을 알아차릴 수 있어야 한다. 그러기 위해 좀 더 반복적인 훈련이 필요하다. 일상의 순간순간들 사이에서, 혹시나 지금 나의 전조증상이 드러나고 있지는 않은지를 항상 생각해 봐야 하기 때문이다. 나의 말투가 갑자기 빨라지거나 격해지진 않았는지, 아까부터 귓불과 목덜미가 벌겋게 달아오르고 있진 않았는지 같은 변화에 민감해질 수 있어야한다. 그것은 마치 꿈속에서 토템을 확인하기 위해, 언제든 수시로 주머니 속에 손을 넣어 보아야 하는 것과 같은 맥락이다. 언제든 토템을 만져 보고 지금이 꿈인지 현실인지를 감별해야 하는 것처럼, 우리는 늘 나의 지금 모습을 하나씩 돌이켜 볼 준비가 되어 있어야만 한다.

그래서 그 힌트를 느끼기 시작했다면 스스로에게 알려줄 수 있어야 한다. 스스로에게 작게 되뇌여 보는 것이다.

"아, 지금 내가 좀 힘들구나.", "아, 기분이 좀 안 좋아지고 있네." 혹은 "아 내가 지금 화가 났구나.", "내가 좀 불안해하고 있구나." 하는 것처럼 말이다.

그 순간 떠오르는 머릿속의 수많은 변명들, '이런 것 따위에 내가 화가 날 리 없어', '내가 그런 유치한 것에 화가 났다고? 그럴 리 없어', '나는 저런 것이 두렵지 않아, 불안해서는 안 돼', '이런 걸로 감정이 흔들려서는 안 돼' 같은 생각들이 내가 지금 불쾌감을 느끼기 시작했다는 사실을 덮으려 튀어나올 수 있다. 그러나 그런 생각들은 우선 내버려 둔 채 이미 내가 잘 알고 있고 여러 차례 검증한 그 힌트의 감각을 좀 더 신뢰해야만 한다. 나의 경험을 믿어야 한다. 그 신뢰를 나 스스로에게 돌려주어야 한다. 앞뒤 전후 상황, 맥락과 이유를 다 버리고 일단 지금 나의 그 감각을 믿고 받아들여야 하는 것이다. '내가 지금 불쾌하구나' 하는 사실을 말이다. 그래서 그 감정을 솔직하고 분명하게 바라볼 수 있어야만 한다.

현실에 착지하기

조금씩 피어오르기 시작한 그 불쾌감에 완전히 휘말려 들기 전, 그것을 미리 눈치챘다면, 두 번째 단계는 다시 현실감을 되찾는 일이다. 불쾌감에서 한 발짝 빠져나와 현실을 딛는 것이다.

피할 수 없는 불행은 불쾌감을 일으키고, 불쾌감은 우리 마음을 뒤흔든다. 당연한 결과이다. 누구나 그러한 과정을 겪지 않을 수는 없다. 진짜 문제는, 뒤흔들린 마음 탓에, 우리 자신이 '지금 여기'의 현실에서 멀어지기 시작한다는 점이다. 불쾌감이 온몸을 휘감아 오기 시작할 때에 우리는 진짜 현실, 지금 나를 흔드는 여기 이곳의 진짜 관계를 똑바로 바라보지 못하게 된다. 그래서 혼동하게 된다. 이 마음과 저 마음이 뒤섞이고 이곳과 저곳을 헷갈리게 되는 것이다. 그 흔들리는 마음을 다시 붙잡기 위해서는 지금 여기의 현실로 돌아와야만 한다.

가장 쉬운 방법은 착지요법Grounding Technique이다. 원래 착지요법은 외상후스트레스장애PTSD-Post traumatic stress disorder를 겪고 있는 환자들을 위해 개발된 치료 요법이다. 간혹 PTSD 환자들 중에는, 외상 당시의 기억이 눈앞에서 필름처럼 다시 펼쳐져 지나가는 재경험Re-experience 증상이나, 인격이 잠시간 분열되는 해리Dissociation 증상들을 겪게 되는 경우가 있다. 그런 심각한 재경험 상태, 해리 상태에 빠져 있을 때에는 지금 여기가 어디인지, 나 자신이 누구인지조차 잊어버린 채 극심한 공포에 빠져버리곤 한다. 마치 외상 당시의 장소로 다시 돌아간 것처럼 행동하기도 한다. 그럴 때에 환자들을 그 악몽에서 끌어내리고 다시 지금 이곳, 지금 앉아 있는 진료실 의자 위로 데려오는 치료 요법이 바로 착지요법이다.

하지만 굳이 그렇게 심한 해리를 일으키고 있지 않다 하더라도 착지요법은 무척 유용하게 사용될 수 있다. 단순한 일상 속의 불쾌감이라 할지라도, 감정에 휩싸이기 시작하는 마음을 잠깐 진정시키고 현실감을 되찾게 해준다는 면에서는 해리를 해소하는 것과 똑같은 도움을 받을 수 있기 때문이다.

착지요법이 현실감을 되찾게 해주는 방법은 '감각'을 통한 현실과의 연결이다. 우리의 마음은 여기저기를 날아다닐 수 있어도, 우리 몸의 감각 수용기는 언제나 지금 여기의 현실과 맞

닿아 있다는 점을 십분 활용하는 것이다. 그런 면에서, 서로 목표하는 바가 조금 다르긴 하지만, 착지요법은 마음챙김의 '알아차림'과도 기본적인 형식과 원리를 같이 한다고 이야기할 수 있다. 아니, 오히려 알아차림 명상을 통해 현실에 착지할 수도 있고, 반대로 착지요법을 통해 마음챙김의 명상으로 나아갈 수도 있다.

어쨌건 이제 막 불쾌감의 힌트를 찾아냈다면, 그 감정에서 현실로 내려오기 위해 '착지요법'은 분명 마음챙김의 알아차림 명상과 함께 아주 유용하게 활용될 수 있다. 알아차림을 통해 현실로 착지하는 연습은, 무너진 경계에서 질서를 찾아가는 발걸음을 장전하기에 좋은 시작이 될 수 있다.

본격적인 착지요법을 연습하기 전, 감각을 알아차리는 가장 쉽고 널리 알려진 방법으로는 우선 '심호흡'이 있다. 의식하지 않고 자동적으로 하고 있던 호흡을 직접 조절하고 느껴 봄을 통해 정신을 가다듬는다. 불쾌감의 힌트를 감지한 순간, '아 내가 지금 좀 힘들구나'를 느낀 순간 모든 것을 잠시 멈추고, 심호흡을 시작해 보는 것이다.

먼저 숨을 잠시 멈추며 시작할 수 있다. 눈을 감고 잠시 멈췄던 숨을, 천천히 그리고 크게 들이마셔서 본다. 충분히 시간을 들여 숨을 들이마시며, 숨이 내 코로 들어오는 느낌, 코를 통해 기관지와 폐에 들어오는 느낌을 느껴 본다. 공기가 들어오며 가슴이 펴지고 아랫배가 튀어나오는 느낌을 직접 느껴 본다. 그러고는 잠시 다시 숨을 멈춰 본다. 그대로 가슴과 배에 가득 찬 숨을 느껴 본다. 팽창된 흉곽에서 당겨지는 근육의 느낌을 느껴 보고, 당겨진 횡격막이 뻐근하게 수축되는 느낌을 느껴 본다. 그리고 난 뒤에는 다시 천천히 숨을 내뱉는다. 천천히. 가슴과 배에 가득 찼던 그 숨이 코를 통해 바깥으로 빠져나가는 느낌을 집중하여 느껴 본다. 그렇게 반복하며 호흡을 정돈하고 나의 몸에 대한 나의 조절력을 되찾는 것이다.

사실 이런 심호흡만 하더라도 감정을 다스리고 진정하는 데에는 아주 큰 도움이 될 수 있다. 심호흡만 제대로 익히고 활용할 수 있어도 불필요한 감정에 휩쓸리는 일은 많이 잦아들 수 있다. 하지만 정말로 강렬한 불쾌감이 닥쳐올 때에는 분명 그것만으론 역부족일 수 있다.

그럴 때에 좀 더 제대로 착지하기 위해 '착지요법'이 제시하는 구체적인 방법은 적극적으로 오감五感을 이용하는 것이다. 시각, 청각, 촉각, 후각, 미각처럼 말이다. 물론 때에 따라 다섯 가지를 모두 활용할 수는 없을 수도 있다. 하지만 핵심은 일단 모든 것을 제쳐 두고 다섯 가지의 감각을 하나씩 하나씩 다시 분류하고 '알아차려' 보는 것이다.

처음에는 시각을 활용해서 지금 눈앞에 보이는 것들이 무엇이 있는지를 하나씩 살펴보는 것으로 시작할 수 있다. 무엇을 하고 있었건, 어떤 생각을 하고 있었건, 어떤 곳에 있었건 관계없이 일단 지금 눈에 보이는 것들 중 5가지 이상을 하나씩 스스로에게 이야기해 보는 것이다. 당장 눈앞에 있는 것들-예를 들어, 컴퓨터, 책상, 볼펜, 벽지, 필통, 액자, 시계 등등 적어도 5가지 이상을 하나씩 세어 가며 스스로에게 이야기하면서 찾아본다. 그러고는 조금씩 주위를 둘러보면서 다른 것들은 또 무엇이 보이는지 더 찾아볼 수 있다. 이번에도 마찬가지로 5가지 이상을 오른쪽, 왼쪽, 뒤, 위를 보면서 찾고 이름 대어 보는 것이다. 그러면서 그동안 나의 시야에 어떤 것들이 들어오고 있었는지, 무심코 지나치고 있던 것들이 어떤 것들이었는지에 집중하며 다시 한 번 쳐다보며 헤아려 본다. 한 발 더 나아가서는 그것들의 디테일을 좀 더 자세히 들여다볼 수도 있다. 벽지는 어떤 색깔인지, 그 문양은 어떠한지, 문양에 점들은 몇 개씩 그려져 있는지, 귀퉁이의 디자인은 어떻게 접혀 있는지 등등의 디테일한 부분들을 말이다.

그리고 청각으로 넘어와, 지금 귀에는 무슨 소리가 들리고 있는지를 마찬가지로 5가지 이상 찾아볼 수 있다. 눈에 보이는 것보다는 5가지를 찾아내기 어려울 수 있다. 하지만 모든 소리가 섞여서 한꺼번에 들려오고 있는 지금, 그 소리들을 하나하나 찾아서 그 소리의 이름을 직접 불러 볼 수 있어야 한다. 예를 들면, 창밖에서 들리는 자동차들 소리, 에어컨 실외기가 돌아가는 소리, 누군가가 떠드는 소리, 벽을 타고 옆방에서 넘어오는 책상이 덜컹거리며 움직이는 소리, 지금 내 발 밑의 컴퓨터 본체가 돌아가는 소리 등을 하나씩 세어 가면서 찾아볼 수 있다.

다음 차례로는 촉각 감각들 또한 마찬가지로 5가지 이상을 찾아볼 수 있어야 한다. 입고 있는 옷이 몸에 닿아 있는 감각, 셔츠의 옷깃이 목에 닿는 감촉, 바지가 다리에 쓸리는 느낌, 양말과 신발이 발을 감싸고 있는 감촉, 앉아 있는 의자가 몸통과 팔에 닿는 감촉, 양손이 책상에 닿고 있는 감촉들이 어떠한지, 딱딱한지 부드러운지, 온도는 어떠한지를 하나씩 되뇌어 가며 읊어 볼 수 있다.

후각 역시 어떤 냄새들이 느껴지는지를 찾아볼 수 있다. 심호흡을 하듯 코로 숨을 들이쉬며 느껴지는 냄새나 향들, 그리고 손에 잡히는 것들의 냄새를 직접 가까이 코를 대어 맡아 볼 수 있다. 옷깃을 들어 냄새를 맡아 보고, 음료수나 간식거리들을 들어 향을 느껴 본다. 고약한 냄새인지 향긋한 냄새인지를 느끼기보다는 정확히 어떤 향이 나는지, 어떤 이름의 향으로 내 코에 닿고 있는지를 되뇌이며 집중하는 것이다.

이번에는 양손에 주먹을 꽉 쥐어 보며 그 주먹과 팔에 들어가는 힘을 느껴 볼 수도 있다. 왼손 주먹을 있는 힘껏 꽉 쥐면서 손가락이 당겨지는 느낌, 팔뚝의 근육이 부풀어 오르며 긴장되는 느낌을 느껴보고, 다시 손바닥을 쫙 펴며 수축했던 근육이 이완되는 느낌에 집중해 보는 것이다. 반대쪽 손에서도 반복하며, 가능하다면 다리를 굽혀 보고, 발바닥에 힘을 줘볼 수도 있다. 주먹을 쥘 때와 똑같이 힘을 줄 때의 수축되는 느낌과, 다시 근육과 피부가 펴지는 느낌을 하나씩 하나씩 느껴 보는 것이다.

번거로워 보일 수 있지만 실제로 착지를 위해 오감에 집중해 본다면 위에 열거한 것들을 천천히 차분하게 음미한다 하더라도 10분이 채 걸리지 않는다는 것을 알 수 있다. 하지만 그 짧은 시간 동안에 지금 나에게 들어오고 있는 여러 감각들에 집중해 본다면, 분명 색다른 경험을 할 수 있다. 무심코 알고 있다고 생각했던 주변의 모든 것들이 전혀 새롭게 다가오는 경험을 할 수 있다.

감각에 집중한다는 것은 우선 불쾌감을 분산Distraction시킬 수 있다는 데에서 그 1차적인 효과를 기대할 수 있다. 뇌에서 감지하기 시작한 불쾌감의 자극들이 마치 과도하게 '심각한 상황'인 것처럼 잘못 포장되어 다른 뇌의 영역들로 이동하기 시작하는 과정, 그 악순환의 회로를 잠시 중단시킬 수 있다. 그러나 그것은 표면적인 효과에 불과하다. 착지와 알아차림을 훈련하는 궁극적인 목적은 오히려 그다음 단계에 있다. 그것은 '감각'을 통해 현실에 발을 붙인 채, 나의 지금 진짜 모습이 어떠한지 들여다볼 수 있게 되고자 하는 것이다. 무너진 경계에서 좌충우돌하고 있는 '나'의 마음을 바라볼 수 있도록 말이다. 그래서 그저 자동적으로 거기에 이끌려 함께 좌충우돌하며 혼란스러워하지 않을 수 있고자 하는 것이다. 그 모든 불쾌함과 고통, 불행과 비극을 허둥거림 없이 차분히 바라보고 다시 분석, 판단하여 처리할 수 있도록 말이다.

감정의 경계 긋기

불쾌감의 존재를 확인했고, 그것에 빠져들지 않도록 발을 뺐다면 이제 그 불쾌감이 과연 어떤 녀석인지를 제대로 살펴볼 차례이다. 무의식 속에서 혼란스러운 경계 속에 엉뚱하게 검열되기 전에, 좀 더 이성적이고 객관적으로 그 정체를 들여다보아야 한다. 혹은 이미 이름표를 달고 나왔다면 그것이 과연 얼마나 정확한지를 다시 한 번 검열해 보는 것, 그것이 세 번째 단계이다.

* [3-1단계] 감정 알아맞히기

3단계의 첫 번째는 눈치챈 그 불쾌감이 어떤 감정인지를 밝혀내는 작업이다. 보통 우리가 감정과 행동에 자동적으로 이끌려 갈 때에는 뭔지 모를 불쾌감에 지배당하고 있을 때가 많다. 그러나 그 불쾌감이 정확히 어떤 감정이었는지, 어떤 감정이 나를 그렇게 이끌었는지를 돌이켜 보지는 못하는 경우가 많다. 그저 [불쾌하다 → 행동한다]의 회로가 자동적으로 이어지고 좋든 나쁘든 그 결과만을 떠안으며 사건이 종결되어 버리는 것이다.

내담자들과 면담하면서 자주 묻는 것 중 하나는 "그때 기분이 좀 어땠어요?"라는 질문이다. 내담자들이 힘들었던 당시의 사건에 대해 구구절절한 이야기들을 늘어놓을 때에 말이다. 그때에 감정은 어땠는지를 서로 좀 더 분명하게 확인하고자 물어보는 것이다.

그러나 그 질문을 듣고, 단박에 "화가 났어요", "불안했어요"와 같은 감정을 이야기 해주는 내담자들은 많지 않다. 대부분은 "얘가 또 이러네 싶었어요", '꼴도 보기 싫었어요" 같이 '생각'을 이야기하는 대답을 하곤 한다. 실제로 그런 분들 가운데는 좀 더 직접적으로 "어떤 감정이 느껴졌던 것 같나요?"라고 다시 한 번 되물어보아도 "감정요? 글쎄요, 잘 모르겠어요"라고 하거나 "그냥 싫었어요"라고 모호하게 대답하는 경우가 많다.

사실 그럴 수밖에 없는 이유는 이야기하였듯 우리들이 스스로의 감정을 돌아보고 직접 이름 붙여 주는 데에 익숙하지 않기 때문이다. 실제로는 대부분의 상황들에 '감정'에 이끌려 행동하고 있으면서도 말이다. 우리는 그 '감정'보다는 어떤 '생각'이나 '행동' 등으로만 사건을 기억하고 정리하고 마는 경우가 많다. 그 생각들과 행동을 이끌어 낸 감정은 그저 무의식 깊은 곳의 어떤 '불쾌감'으로만 흐리멍텅하게 남아 버린 채 말이다.

그래서 일단 '불쾌함', '기분 나쁨'을 느꼈다면 그것이 어떤 감정인지를 좀 더 분명하게 느껴 보는 것이 필요하다. 그러기 위해 그 불쾌함을 마주하고 집중해야 한다.

물론 불쾌한 느낌에 집중한다는 것은 말 그대로 '불쾌'한 일이다. 어쩌면 그 느낌에 집중한다는 것이 그저 고통스럽고 소모적이기만 한 일처럼 보일 수 있다. 그저 벗어나고 피하고만 싶어질 따름이니 말이다. '그냥 없는 셈치고 평소처럼 살다 보면 또 그러려니 하고 살아지게 될 텐데'하는 유혹이 들 수도 있다. 그러나 그 불쾌감은 결코 그런 식으로 회피한다고 해서 저절로 사라지지 않는다. 오히려 보이지 않는 곳에서 쌓이고 곪아, 더 엉뚱한 것에 옮겨붙어 기어코 그 모습을 드러내고야 만다.

어느 누구도 '나'의 마음을 똑같이 그대로 경험할 수는 없다. 오직 나만이 그 '불쾌감'을 느끼고 있다. 따라서 그것이 정확히 어떤 감정인지 가장 분명하게 이야기할 수 있는 것은 오직 나뿐이다. 나 스스로가 나의 그 불쾌한 마음으로부터 도망쳐서는 안 된다. 마주해야만 한다. 마주하여 집중하고 온몸으로 느껴 보아야 한다.

바로 이 점에서 우리는 2단계 착지요법의 목적이 단순한 감정의 분산distraction에 그치지 않는 이유를 확인할 수 있다. 감각에 집중하여 현실에 착지했다면 그다음 단계는 결코 그 불쾌감으로부터 도망치고 회피하는 것이 아니다. 오히려 그 불쾌감을 똑바로 바라보고 집중하여 정체를 밝혀내어야만 한다. 다만 현실에 단단히 착지한 채로 말이다.

우리가 해야 할 일은, 불쾌감을 천천히 느껴 보며 어떠한 '감각'으로 그것이 느껴지는지를 확인해 보는 것이다. 언제 이런 감정을 또 느껴 본 적이 있었는지, 그때는 어떤 느낌이었는지, 이러한 감정을 뭐라고 부르는 것이 가장 적절한지를 말이다. 적당한 표현이 생각나지 않을 수도 있다. 감정이란 원래 비언어적이기 때문이다. 그렇지만 지금 우리는 그 비언어적이고 모호한 감정을 보다 명확하고 언어적인 형태로 이해하려고 노력해야 한다. 쉽지 않다면 표1에서 지금 나의 감정을 가장 적절하게 대변해 줄 수 있을 만한 감정을 골라 보는 것도 좋다. 그래서 가능한 분명하게, 가능한 구체적으로 나의 감정을 나 스스로에게 이해시켜 주어야 한다.

Angry 분노	Sad 슬픔	Anxious 불안	Hurt 상처	Embarrassed 당황
Grumpy 심술맞은	Disappointed 실망한	Afraid 두려운	Jealous 질투하는	Isolated 격리된
Frustrated 좌절한	Mournful 비통한	Stressed 스트레스 받는	Betrayed 배신당한	Self-conscious 시선을 의식하는
Annoyed 짜증나는	Regretful 후회되는	Vulnerable 취약한	Isolated 격리된	Lonely 외로운
Defensive 방어적인	Depressed 우울한	Confused 헷갈리는	Shocked 충격받은	Inferior 열등한
Spiteful 악의적인	Paralyzed 마비된	Bewildered 당혹스러운	Deprived 궁핍한	Guilty 죄책감의
Impatient 안달하는	Pessimistic 염세적인	Sekptical 회의적인	Victimized 희생된	Ashamed 부끄러운
Disgusted 역겨운	Tearful 눈물나는	Worried 걱정스러운	Aggrieved 억울한	Repugnant 혐오스러운
Offended 공격받은	Dismayed 낭패스러운	Cautious 조심스러운	Tormented 괴로워하는	Pathetic 한심한
Irritated 성가신	Disillusioned 환멸스러운	Nervous 신경쓰이는	Abandoned 버려진	Confused 헷갈리는

출처; Susan David, HBR Guide to Emotional Intelligence, Harvard Business Review press.

감정의 경계 긋기

* [3-2단계 : 감정 받아들이기]

　메슥거리는 불쾌감을 충분히 음미하고, 그것이 어떤 감정인지를 정의해 보았다면 이제는 그 감정을 받아들일 차례이다. 지금 나 스스로가 그러한 감정을 느끼고 있다는 사실을 말이다. 이 과정에는 수많은 생각과 편견, 오해들이 달려들어 방해를 하기 십상이다. '내가 그런 감정을 느낄 리 없어'라는 생각으로 말이다. 이것은 마치 처음 불쾌감을 받아들일 때의 나도 모르는 나 스스로의 저항과 비슷할 수 있다. 하지만 보다 정확한 감정의 이름을 붙여 주었을 때, 내 마음속의 반발은 더욱 거세어질 수 있다. 우리의 과제는 그 저항을 이겨 내고, 일단 그 내가 그런 감정을 느끼고 있다는 지금의 사실, 전후 관계를 고려하지 않은 그 사실 하나만을 인정하고 받아들이는 것이다.

　예를 들어 학교의 한 여학생이 다른 남자 선배에게 애교를 부리는 모습을 보며 내 마음속에는 뭔가 불쾌한 느낌이 들 수 있다. 그리고 곰곰이 느껴 보니 그것이 질투심, 분노 같은 감정임을 발견하게 될 수도 있다. 그런데 문제는 나는 한 번도 내가 그 여학생을 좋아한다고 느껴 본 적이 없는 것이다. 내가 그 장면을 보며 그런 감정을 느낄 이유가 전혀 없다. 심지어 나는 지금 사랑하는 여자친구가 있고, 그 여학생을 좋아한다는 조금의 느낌이라도 받아들이고 싶지 않을 수도 있다. 그러한 경우라면, 지금 나를 불쾌하게 하는 이 느낌은 스스로 받아들이기가 쉽지 않을 수밖에 없다. 심지어 그 감정의 구체적인 이름이 질투와 분노라는 사실은 더더욱 받아들이기 어려울 수 있다. 하지만 지금 이 단계에서 우리가 하고자 하는 것은 '내가 왜 이 감정을 느끼는가'를 분석하려는 것이 아니라, 나의 몸과 마음에서는 어떤 감정이 느껴지고 있는가를 찾아내는 것이다. 전후 맥락을 따지고자 함이 아니라 '지금, 여기'의 '나'에게만 집중해 보자는 것이다. 그리고 인정하는 일이다. '어떻게 된 일인지는 모르겠지만 나는 지금 질투와 분노를 느끼고 있다'라고 스스로에게 이야기하고 설명해 주어야 한다.

이러한 과정은 단순히 '아 내가 불쾌하구나'라고 스스로에게 이야기 해주는 것보다 좀 더 큰 용기를 필요로 한다. 지금 인정하고 받아들이는 이 감정의 뒤에서, 나의 외면하고 싶은 무의식이 엿보일 수 있기 때문이다. 그것들 중에는 단순히 '저 여학생을 내가 좋아하고 있을지 모른다'는 수준의 받아들이기 어려운 무의식뿐만이 아니라, '아버지를 죽여 버리고 싶다', '아내가 아닌 여자와 자고 싶다'와 같은 충동적이고 위험한, 발칙하고 끔찍한 무의식들마저 슬쩍슬쩍 엿보이며 나를 겁먹게 할 수 있기 때문이다.

하지만 우리는, [내가 어떤 '감정'을 느낀다고 받아들이는 것]과, [그 감정과 연관되는 '행동'을 한다는 것]이 전혀 다른 것이라는 걸 이해해야만 하다. 끔찍하고 패륜적인 죄를 저지를 것만 같은 감정을 느낀다는 것과, 끔찍한 패륜을 저지른다는 것은 결코 동일선상에 있지 않다. 오히려 그 둘을 동일선상으로 끌어올리게 되는 것은 우리가 그 감정을 외면하고 억누를 때, 또는 억지로 맞서 싸우고 부정하려 들 때일 수 있다. 우리는 일단 스스로의 '감정', '느낌'에 솔직해져야 한다. 그것을 받아들이고 인정할 수 있어야 한다. 그래야 그것을 바라볼 수 있기 때문이다.

* [3-3 단계 : 감정의 경계 긋기]

지금까지의 과정에서는, 내가 지금 불쾌감을 느끼고 있다는 사실을 깨달았고, 그것에 휘말리지 않으면서 그 불쾌감이 어떤 감정인지를 깨달을 수 있었다. 그렇다면 이제는 드디어 나의 감정을 차근차근 합리적으로 평가해 볼 차례가 된 것이다. 나의 감정에, 내 '마음의 경계'라는 기준을 들이밀고, 지금 느껴지고 있는 나의 감정이 그 경계의 어디쯤에 걸쳐져 있는지, 그것이 얼마나 합당한지를 가늠해 볼 차례이다.

1970년대에 존 플라벨John H. Flavell이라는 발달심리학자는 메타인지Meta-cognition라는 개념에 대해 이야기했다. 내가 인식하고 있는 것에 대한 인식, 나의 생각에 대한 생각이 바로 메타인지이고, 이것이 인간 인지 발달과 학습에 있어 가장 핵심적이고 고유한 특성이라는 것이다. 즉, '생각한다'-'뇌가 어떤 정보를 처리한다'라는 것은 단순하게 선형적으로 이어져 나가는 과정이 아니고, 그 처리과정을 처리하는 2차적인 과정, '나는 지금 어떠하다고 생각하고 있다' 혹은 '나는 이것을 알고 있다'와 같은 정보처리 과정을 포함한다는 말이다. 이러한 메타인지의 핵심 요소는, 이 과정을 통해 1차 정보처리 과정의 오류와 결여를 수정할 수 있다는 데에 있다. 좀 더 정확하게 분별하고, 아는 것을 확인하고, 모르는 것을 찾을 수 있기 위해 메타인지하게 된다는 것이다.

우리는 메타인지를 통해 나 스스로의 생각을 되돌아보고, 검토할 수 있다. 그리하여 더 합리적으로 생각하고 더 현명하게 행동할 수 있다. 좀 더 행복한 쪽, 혹은 덜 불행한 쪽으로 선택하고 행동할 수 있다. 나의 감정과 생각이 내 마음의 경계 어디쯤에 위치해 있는지를 검토하고 자동적으로 처리되던 내 마음의 안팎을 다시 한 번 되돌아볼 수 있다.

'나'의 생각에 대한 생각-메타인지를 하기 위해서는 무엇보다 '나' 스스로를 객관화하여 바라보는 것이 필수적이다. 그러기 위해서는 우선 종이를 펴고 일기를 쓰듯 지금 나의 감정과 생각을 적어 보는 것이 좋다. 아론 벡Aron T. Beck이 이야기한 인지행동치료에서 인지 모델링Cogntive Formulation을 하는 이유 역시 마찬가지이다. 자기 객관화를 하기 위해서는 그것을 직접 연필로 쓰고, 그 쓰여진 종이 위의 생각을 다시 한 번 훑어보는 것이 좀 더 편할 수 있다.

첫 번째로는 내가 힘들게 찾아낸 나의 감정, 지금 나의 몸과 마음이 느끼고 있는 그 감정을 적어 보는 것이다. 그러고는 그 감정이 어디를 향하고 있는지를 한번 검토해 볼 필요가 있다. 그것은 '나'를 향한 우울, '나', '내 인생', '내 삶', '내 팔자'에 대한 한탄과 분노, 수치심일 수도 있고 남편을 향한 질투, 적개심일 수도 있다. 혹은 '친구'를 향한 서운함일 수도 있고, '직장 상사'를 향한 분노, 당황일 수도 있다. 어떤 인물이 아니라 '날씨', '고장난 자동차', '늦는 버스'와 같은 어떤 대상에 대한 분노와 짜증일 수도 있다. 혹은 '친구의 이민', '부모의 죽음'과 같은 어떤 상황에 대한 슬픔일 수도 있다. 무엇이 되었건 지금의 나의 감정이 향하고 있는 곳들을 적어 보는 것이다. 그것이 '나'의 경계 안쪽을 향하고 있는 것인지, 혹은 바깥쪽을 향하고 있는지, 정확히 어디를 향하고 있는지를 구분하여 적어 보는 것이다. 한 가지 감정에 여러 가지 대상이 있을 수도 있다. 동시에 여러 가지 감정과 여러 가지 대상이 한꺼번에 있을 수도 있다. 그러한 복잡한 상황을 좀 더 한눈에 명확하게 파악할 수 있도록 적어 보는 것이다.

그러고는 그 대상에게 그러한 감정이 들었던 [상황]과 [생각]에 대해 적어 본다. 이유가 딱히 생각나지 않는다면, 그런 감정을 불러일으킬 만한 가능한 가설을 적어 보는 것만으로도 충분하다. 예를 들어 앞서 예시를 든 '여학우를 바라보며 든 질투심'이라는 감정에 대한 [상황]으로는 '여학생이 선배에게 애교를 떠는 모습을 보았다'는 상황을 적고, 그에 대한 가설로는 '내가 그 여학생을 좋아하고 있을 수도 있다'라고 적어 볼 수 있다. 또 동시에 다른 가설들로는 '나도 저 선배처럼 여학생과 친하게 이야기하고 싶다', 혹은 '여자가 남자에게 저렇게 애교 떨어 주는 모습이 부럽다' 같은 생각을 적어 볼 수도 있다. 지금 나에게 느껴지고 있는 감정을 일으킨 [상황], 그리고 그 감정에 뒤따르는 [생각]과 [가설]을 적어 보는 것이다. 다른 예로, 스스로에 대한 우울함, 수치심이 느껴졌다면 그 [상황]-'직장상사에게 된통 깨졌다'를 적어 보고, 그 이유에 대해서는 '나는 잘하는 게 없는 것 같다', '이번 일에서 좀 더 꼼꼼히 했더라면 이런 일이 없었을 텐데, 역시 나는 불성실하다' 같은 [생각]을 적어 볼 수 있다.

그다음으로는 그 [생각]과 [상황]이 감정과 제대로 짝지어진 것인지를 평가해 볼 차례이다. 가장 쉬운 방법은 이 상황에 다른 사람이라면 어떤 정도의 감정을 느꼈을지를 상상해 보는 것이다. 먼저, 지금 나에게 느껴지는 감정의 강도를 1점에서 10점 사이의 점수로 평가해 보고, 이 상황에 일반적인 사람들이라면, 혹은 평소의 '나', 차분한 상태의 '나'라면 몇 점 정도로 이러한 감정을 느꼈을지를 평가해 보는 것이다. 그리고 그 두 점수를 비교해 본다. 혹시 내가 다른 사람들보다, 혹은 평소의 나보다 유독 과도하게 그 감정을 느끼고 있던 것은 아닌지를 검토해 보는 것이다.

만약 그 점수에 차이가 난다면, 예를 들어 내가 생각하기에도 다른 사람이라면 3~4점 정도로 느낄 만한 상황에 8~9점 정도의 강도로 감정을 느끼고 있었다면, 과연 지금의 이 감정이 정말 적절한지를 의심해 보아야만 한다. 혹시 다른 엉뚱한 감정이 엉뚱하게 이름 붙여져 있는 것은 아닌지를 돌아보아야 한다.

만약 그것이 '나'를 향한 감정이었다고 한다면 혹시 밖에서 들어온 다른 감정을 내 감정으로 착각한 것은 아닌지, 그렇다면 나에게 지금 이런 감정으로 착각하게 할 만한 다른 일들은 앞뒤로 무엇이 있었는지를 곰곰이 되짚어 볼 수 있다. 다른 상황 때문에 생긴 분노나 슬픔일 수도 있고, 다른 사람의 분노나 슬픔이 전해졌던 것일 수도 있다. 만약 다른 사람의 감정이 전해졌다면, 그것은 다른 사람이 화를 내고 있는 상황 옆에서 저절로 전해진 것일 수도 있다. 아니면 상대방은 화를 내지 않고 있지만 그것을 투사Projection하여 나에게로 던졌던 것일 수도 있다. 다른 사람이 대신 그 감정을 느끼고 처리하도록 던졌던 경우일 수 있다. 즉, 나의 마음이 아닌 다른 마음을 붙잡고 있는지를 검토해 보아야 한다는 것이다. 혹은 지나가 버린 과거의 일들이 떠오르며, 그때의 감정이 덧붙여져 지금 이 감정이 부풀려지고 있는 것은 아닌지 또한 의심해 볼 수 있다.

반대로 만약 다른 사람이나 어떤 외부의 상황, 사물을 향한 감정이라고 한다면 혹시 다른 곳에서 느껴진 감정을 엉뚱하게 이곳에서 느끼고 있는 것은 아닌지 의심해 보아야 한다. 그럴 만한 다른 일들은 최근에 앞뒤로 무엇이 있었는지 되짚어 보아야 한다. 혹은 과거의 일들이 떠올랐거나, 다른 사람과의 관계에서 생겼던 일들이 떠올라 생긴 내 감정이 이곳으로 엉뚱하게 던져지고 있는 것은 아닌지를 의심해 보아야 한다.

그리고 난 뒤에는 그 상황과 대상에 대한 방향성뿐만 아니라 감정에 따른 [생각]의 적절성도 평가해 볼 수 있어야 한다. 얼마나 가능성 있는 가설인지, 얼마나 합리적인지를 다시 한번 되돌아보는 것이다. 혹시 내가 감정에 휩싸여 이루어질 수 없는 일을 바라고 있는 것은 아닌지, 상대방에게 부당한 요구를 기대하고 있었던 것은 아닌지, 내가 조절할 수 없는 일들이 내 뜻대로 되기를 기대하고 있었던 것은 아닌지, 그러한 맥락에서 지금의 이 생각이 얼마나 적절하고 합리적인지를 다시 한번 평가해 보는 것이다.

이 과정에서 우리는 견디기 힘들었던 감정이 얼마나 왜곡되고 비합리적인 형태로 변질되어 있었는가를 생각보다 쉽게 발견할 수 있다. 감정들이 얼마나 쉽게 전치되고, 자기 비난되고, 투사되고, 내사되면서 부풀려질 수 있는지를 깨달을 수 있다. 또, 그 감정들로 인해 무의식적으로 기대하고 바라게 되는 나의 환상들이 얼마나 비합리적이고 소모적인지를 깨달을 수 있다. 그래서 지금 버겁게 끙끙거리며 끌어안고 있거나, 힘겹게 내치고 있던 마음들 중 진짜 내가 감당해야 할 '나'의 마음은 그다지 많지 않다는 사실을 깨달을 수 있다.

물론 짧게 소개한 이 과정이 말처럼 그렇게 쉽지는 않을 수 있다. 혼자서는 종이를 펴고 이리저리 적어 보려 하여도 도무지 어디서부터 어떻게 적어야 할지 막막해질 수 있다. 아무리 적어도 지금 이 감정에서 도저히 오류를 발견하기 어려울 수도 있다. 따라서 만약 지금의 고통이 너무 크거나, 너무 복잡하다면 이 과정은 전문가의 도움을 받는 것이 더 좋을 수도 있다. 상담가의 친절한 안내와 보조를 받아 가면서 말이다.

그러나 어쨌든 이 과정을 통해 그동안 나를 괴롭게 하던 여러 마음들 중 진짜 나의 마음, 나의 몫을 가려낼 수 있다면, 우리는 그 거대한 혼란에서 한 발 내려오게 될 수 있다. 분명 불행과 아픔은 있지만 그곳에서 더 이상 고통과 절망으로 나아가지는 않을 수도 있다. 그 불행과 아픔이 막상 그렇게까지 거대한 고통은 아니었던 것을 발견하게 될 수 있기 때문이다. 마치 저 멀리에서 다가올 때는 거대한 해일 같아서 나를 안절부절못하게 만들던 파도가, 막상 눈앞에서는 발목에 찰박이는 물거품으로 그치고 말 수 있는 것처럼 말이다.

그러고 난다면 우리는 드디어 이제 남은 '나의 몫', 진짜 나의 마음, 진짜 나의 감정을 다스리는 데에만 집중할 수 있게 된다. 그것을 눈 먼 혼란으로 키워 내지 않고 온전히 받아들여, 오롯이 흘려보낼 준비를 할 수 있게 되는 것이다. 거대한 해일이 막상 눈앞에서는 작은 파도로 다가왔다면, 남은 일은 그 파도 위를 미끄러지듯 타면서 내려가기만 하면 된다.

마음과 마음 사이의 파도타기

마음챙김의 명상에서 강조하는 바는 우리의 감정이 파도와 같다는 것이다. 파도가 와르르 밀려왔다가 이내 다시 뒤로 물러나며 사라지는 것과 같이, 우리의 감정도 그러하다는 것이다. 사실 우리를 그때그때 뒤흔드는 감정은, 그 자체로만 본다면 분명 파도와 같다. 감정은 언제나 우리 안에 잠시 머물 뿐, 이내 곧 물러가기 마련이다. 인생을 살며 마주치는 예상치 못한 불행들 속에서 괴로운 감정들은 불시에 솟아오르지만, 분명히 시간이 지나면 우리를 다시 평상시의 모습으로 내려 놓아준다. 순간의 감정이 우리를 잠시도 쉬지 않고 몇 날 며칠을 괴롭히는 일은 많지 않다.

그러나 우리는 종종 몇 날 며칠 우울을 느끼곤 한다. 그런 불안, 분노를 느끼곤 한다. 도저히 떨어져 나가지 않는 무거운 감정에 짓눌려, 매일 매일을 힘겹게 버텨 내야만 하기도 한다. 마음챙김에서는 그 이유가, 우리 스스로 그 감정들을 놓아 보내 주지 못하기 때문이라고 이야기한다. 시간이 지나면 사그라들 분노와 우울을 우리 스스로가 계속해서 붙들고 있다는 것이다. 그것은 곧 감정의 파도에 휩쓸려 영영 가라앉아 버리는 이유가 허우적거리는 우리 자신의 몸부림 탓이라는 이야기이다.

파도는 우리를 잠시간 뒤흔들 수 있다. 그러나 다시 곧 물러갈 그 파도들 사이에서, 우리는 스스로의 몸부림에 지쳐 헤어 나올 수 없는 바닥으로 고꾸라지고 있는 것이다.

그래서 마음챙김은 우리에게 감정의 파도를 타라고 권유한다. 그 요동침에 맞서거나, 도망가지 않고 그 오르내림의 리듬을 타라는 것이다. 이는 단순한 비유가 아니다. 앞서 소개한 단계들에서처럼, 지금 나의 감정을 좀 더 분명히 들여다보고, 그 경계를 다시 제대로 그어 낼 수 있다면, 우리는 분명 그 감정을 파도 타듯 탈 수 있다. 불쾌한 감정을 있는 그대로 받아들임으로써 내보낼 수 있고, 그 과정이 반복되는 리듬을 마치 파도 타듯 흘려보낼 수 있다.

해변에서 서핑을 해본 적이 있다면, 해변을 향해 미끄러지기 시작한 서핑보드 위에 올라설 때의 감각을 알 것이다. 이때 첫 번째로 중요한 것은 시선을 먼 곳에 두는 것이다. 파도 위에 올라탔다고 해서, 막상 발밑의 파도를 바라보다가는, 오히려 물속으로 처박히기 십상이다. 파도를 바라보아서는 지금 이 보드가 어떤 방향을 향해 있는지, 나의 몸이 어디를 향하고 있는지, 나의 자세가 어떠한지를 알 수 없게 되기 때문이다. 오히려 저 멀리 해안을 바라보는 것이 지금 나의 몸과 보드의 방향을 좀 더 명확하게 파악하는 데에 수월하다.

마찬가지로 감정의 파도를 타기 위해서는 감정 그 자체에 먼저 얽매여서는 안 된다. 그러다가는 지금 나의 마음이 경계의 안쪽에 있는지 바깥쪽에 있는지, 어디를 향하고 있는지, 또 얼마나 적절한지를 도무지 알 수 없게 된다. 그저 감정에 휘말려 점점 파탄을 향해서만 나아가게 된다. 그보다는 지금 당장의 주변, 나의 감각을 붙잡아야 한다. 그래서 내가 실제로 존재하고 있는 곳, 지금-여기의 위치감각을 되찾는 것이 필요하다. 앞서 이야기한 1, 2단계, 감각 알아차림과 착지요법에 해당되는 과정이다.

서핑 자세를 잡고 난 다음에 중요한 것은 보드의 움직임에 적응하는 것이다. 그러기 위해서는 서핑 보드 밑에서 출렁이는 물결의 감각에 맞춰 내 몸을 움직일 수 있어야 한다. 보드가 물살에 따라 어떻게 요동치는지를 파악하고 때에 따라 적절히 체중을 옮겨 가며 중심을 잡아 주어야 한다. 이때 중요한 것은 보드를 아래에서 움직이는 '파도의 힘'과, 그 위에서 보드를 밟으며 움직이는 '나의 힘'을 적절히 구분할 수 있어야 한다는 것이다. 그래서 지금 체중을 싣는 자세가 적절한지를 파악하고 몸을 움직일 수 있어야 한다. 만약 보드가 무엇 때문에 움직이고 있는 것인지, 지금 보드를 좌우로 흔드는 이 힘이 무엇인지를 분간할 수 없다면, 보드는 곧 뒤집히고 만다.

이와 동일선상에서, 3단계에서 이야기한 '감정의 경계 긋기'가 목표하는 바는 바로 이 과정이라고 할 수 있다. 나의 마음이 요동치고 흔들리고 있다면, 정확히 무엇 때문에 그렇게 흔들리고 있는지를 좀 더 분명히 확인해 보는 과정이 필요하기 때문이다. 나를 이렇게 불쾌하게 만든 것이 정말 저 사람 때문이었는지, 다른 요인들은 없었는지, 내 안의 다른 요인들은 무엇인지, 그것들은 각각 얼마나 이 불쾌함에 기여하고 있는지, 또 그래서 지금 내가 대처하고 있는 행동이나 생각, 바람들은 얼마나 적절한지를 분명하게 확인해야 한다. 그래서 내 마음의 무너진 경계를 다시 분명히 그어 낼 수 있어야 한다. 마음의 요동침을 제대로 이해하고 거기에 적응하기 위해서 말이다.

만약 그러할 수 있다면, 마음의 요동침에 휘말려 들어가지 않고도 그 움직임을 이해하고 적응할 수 있다면 이제 우리에게 남은 일은 그 요동의 오르막과 내리막을 차분하게 따라가는 것뿐이다. 우리에게 주어진 감정 속에서 파도를 타는 것이다.

부정적인 감정은 우리를 자극하기 시작한 뒤로 계속 정점을 향해 올라간다. 시간이 지날수록 감정은 점점 더 고조되고,

그럴수록 우리의 고통과 괴로움도 점점 더 심해진다. 더욱더 고조되어 결국 극점에 도달한 감정은 통렬한 울음과 고함, 신음으로 터져 나오기도 한다. 달아오를 대로 달아오른 강렬한 감정은 당장이라도 곧 모든 것을 집어삼킬 듯한 고통으로 우리를 압도한다. 그러나 그러한 클라이맥스를 지나고 나면, 감정은 다시 조금씩 가라앉기 시작한다. 감정은 분명 다시 내리막을 향해 움직이기 시작한다. 점점 그 강도가 줄어들기 시작한다. 그리고 끝내는 흩어져 버린다. 혹은 다른 감정에게 자리를 내어 준 채 자취를 감춘다.

중요한 것은 바로 이 코스를 따라 지켜보는 감각을 찾아가는 것이다. 우리는 그 자연스러운 코스가 매끄럽게 진행될 수 있도록 그것을 담담히 지켜볼 수 있어야 한다. 감정의 리드미컬한 움직임을 천천히 느끼고, 또 그것을 충분히 받아들일 수 있어야 한다. 그래서 그대로 내보내 줄 수 있어야 한다. 감정의 파도를 탈 수 있어야 한다.

그것은 해일과 같이 달려오는 파도를 보고, 지레 겁먹어 얼어붙거나, 무작정 허우적거리지 않기 위해서이다. 우리는 오히려 그 파도의 엄습을 받아들이고 그것에 올라타야 한다. 그 파도는 나를 하늘 끝까지 날려 버릴 듯 저 위로 던져 올리겠지만, 분명 다시 나를 끌어내려 줄 것이기 때문이다. 그래서 그 파도가 나를 지나쳐 가고 물거품으로 잦아드는 과정을 오롯이 지켜볼 수 있어야 한다.

괴로운 감정을 피하지 않고 받아들인다는 것은 어찌 보면 자해처럼 어리석은 행동으로 보일 수도 있다. 그러나 이것은 궁극적으로 그 괴로운 감정으로부터 완연히 벗어나기 위함이다. 결국 괴로움에서 벗어나기 위한 가장 현명한 방법은, 역설적이게도 그 괴로움을 있는 그대로 끌어안는 것이기 때문이다.

물론 정말 감당하기 힘든 커다란 불행에 집채만 한 해일이 우리를 뒤덮어 오는 순간들이 있을 수도 있다. 혹은, 파도에 올라타기에는 우리가 이미 너무나 기진맥진하여 있을 수도 있다. 그럴 때에는 분명 주저 없이 도움의 손길을 뻗어야만 한다. 마치 구조보트의 구명정을 붙잡듯 말이다. 만약 감당하지 못할 불행 속에서 어리석은 편견으로 정신건강의학과의 문턱을 넘지 못하게 된다면, 오히려 그것이야말로 우리 자신을 더욱 깊은 병으로 이끌 수 있다.

그러나 이미 경험해 보았고, 감당할 수 있는 감정이라면 우리는 그것을 분명 넘겨 보낼 수 있다. 우리는 감정에서 벗어나기 위해 감정을 똑바로 바라보고, 감정에 맞춰 움직이며, 감정을 따라 느낄 수 있어야 한다. 그래야만 불가피한 불행의 파도로 가득 찬 이 관계의 바닷속에서 올바른 방향 감각을 찾아갈 수 있다. 이 출렁임 속에 나 자신을 흩어 버리지 않고 우뚝 설 수 있다. 그리하여 이 풍랑을 해결하기 위해 나아갈 수 있는 것이다. 좀 덜 불행하게, 좀 더 행복하게 살아갈 수 있도록 말이다.

과로로 쓰러진 마음의
출입국 심사원

감당하기 힘든 불쾌함

우리는 인생을 살아가며 피할 수 없는 불행과 마주하게 된다. 수많은 관계 속에서 우리는 불행과 마주한다. 그리고 그 순간들 속에서 우리 마음의 경계는 때때로 무너져 버리곤 한다. 우리의 자아는 경계를 무너뜨리고 너와 나의 마음들, 나와 밖의 것들을 혼동하곤 한다. 그럴 때 마다 우린 혼란과 고통의 굴레 속으로 스스로를 떨어뜨려 버리고 있다.

우리 자아의 경계가 그렇게 때때로 무너지는 이유는, 그런 식으로 경계가 수시로 허물어지던 시절을 이미 우리 모두가 한

번씩 거쳐 왔기 때문이다. 한없이 연약하던 어린아이 시절을 말이다. 창호지처럼 허약한 경계의 혼란 속에서 살아남아야만 했던 경험을 모두가 가지고 있기 때문이다. 아무것도 없던 공허에서 자아를 조금씩 만들어 가던 시기의 시행착오들을 우리 모두 무의식 속에 기억하고 있기 때문이다. 아니, 그때의 그 엉성한 자아를 아직 마음속에 숨기고 있기 때문이다.

어느새 훌쩍 커버린 지금 우리의 경계를 그때 그 시절처럼 다시 무너뜨리는 범인은 분명, 감당하기 어려운 감정들이다. 감당하기 어려운 아픔들이다. 일상의 굴곡이 우리에게 뼈아픈 선물을 하나씩 던져 줄 때. 뜬금없이 툭 던져 준 그 선물이 너무 버거워 감당하기 힘들 때. 그럴 때마다 우리 마음속 깊은 곳에 숨겨져 있던 그 어린아이는 다시 우리 자아의 수면 위로 올라온다. 어리고 연약하던 그 시절의 엉성한 자아처럼 지금 우리의 경계를 허물어 낸다. 젖먹이 아기 시절의 허약한 자아로 되돌려 놓는다. 지금 우리의 경계를 허물어 낸다는 그 '감당하기 어려운 감정'이라는 것은 결국 우리의 마음속 깊은 곳에 잠든 불안한 아기를 깨워 내는 감정인 것이다. 그 감정과 마주할 때 우리는 다시 그 시절의 혼란으로 되돌아간다.

젖먹이 아기 시절에는 사실 감당할 수 있는 게 거의 없었다. 아기는 그 어떤 불쾌감도 감당할 수가 없다. 엉덩이에서 뭔가 뜨끈하고 질척한 느낌이 조금만 들어도 그 불쾌감을 감당하지 못하고 울어 제친다. 아, 물론 그건 성인도 감당하기 어려운 느낌이겠지만, 아기는 분명 그 수준이 훨씬 취약하다. 다 큰 어른이라면 누구나 조금씩은 견딜 수 있는 불편함들, 약간의 더위나 약간의 추위, 약간의 배고픔, 약간의 목마름 등도 아기는 전혀 감당해 내지 못한다. 우리 모두 그 옛날 아기 시절에는 그 어떤 불쾌감도 전혀 감당해 내지 못했다. 아주 작은 불쾌감도 감당하지 못하고 자아의 경계가 무너져 버렸다. 아니, 사실 좀 더 정확히 말하자면 자아의 경계를 무너뜨려야만 했다. 자아의 경계가 무너지고 엄마와 하나로 융합되어야만 그 감정들을 감당할 수 있었기 때문이다. 엄마라는 또 다른 '나'가 대신 그 감정들을 감당해 줄 수 있었기 때문이다.

하지만 지금의 우리는 분명 그렇지 않다. 이제 약간의 불쾌함은 각자 감당해 낼 수 있다. 물론 개인차는 있겠지만 말이다. 그래도 아기 때처럼 사소한 불편함으로 자아의 경계가 완전히 무너져 내리지는 않는다. 예를 들어 나의 불편함 같은 경우에는, 가끔 병원에서 나오는 직원 식당 메뉴가 형편없을 때가 있었다. 하지만 나는 비교적 잘 견뎌 냈다. 간혹 정말 견디기 힘든 순간들도 있긴 했지만 어쨌든 잘 이겨 냈다. 지금 돌이켜 보아도 참 스스로가 대견할 정도이다. 힘겨운 시간들이었다. 어쨌건 오늘 식당 메뉴에 내가 싫어하는 코다리 조림이 나왔다는 불행, 그 아픔을 겪는다 하더라도 막 자아의 경계가 와르르 무너지거나 하진 않았다는 것이다. 그 말인즉, 불쾌감을 느끼긴 하였으나 그것이 나의 바깥에서 일어난 일이고, 나의 통제 밖의 일이라는 것을 어렵지 않게 알 수 있었다는 사실이다. 불쾌감을 느끼긴 하였으나 나에게 그게 그렇게 큰일은 아니라는 것을 깨달을 수 있었다. 분명 불쾌감과 만나긴 하였으나, 그것이 나의 자아를 뚫어 내진 못했다는 것이다.

다시 정리하자면 우리의 자아의 경계가 무너지는 것은, 우리가 감당하지 못하는 불행과 만날 때이다. 감당할 수 있는 수준의 불행과 감정이라고 한다면 자아의 경계는 비교적 안전하게 유지된다. 자아의 경계가 유지된다는 것은 무엇이 '나'이고 무엇이 '나'가 아닌지를 구분할 수 있다는 것이다. 안과 밖, 그리고 현실과 비현실을 구분할 수 있다는 것이다. 그에 비해 감정을 쉽게 감당해 내지 못한다는 것은 곧, 내가 나의 안과 밖을 가려낼 수 있는 여유가 부족하다는 것이다. 그때그때 상황에 맞게 어떤 것은 '나의 것' 어떤 것은 '내가 아닌 것'으로 적절하게 자극들을 분류, 판단할 수 있는 심적 여유가 부족하다는 뜻이다.

여유가 부족한 마음은 조금만 그 감정이 처리하기 어려워도 손을 놓아 버린다. 너무 바쁘고 정신이 없어서 조금만 힘들어도 지금 이 감정이 내 것인지 아닌지를 놓쳐 버리는 것이다. 안과 밖을 제대로 구분하지 못하게 된다. 즉, 자아의 경계가 흐트러지기 시작한다.

너무 바쁜 출입국 심사원

우리의 무의식 속에는 자아의 경계를 지키는 출입국 심사원이 있다. 그 심사원은 우리 마음속에서 느껴지는 갖가지 감정과 생각들 사이를 돌아다니며 불심검문을 한다. 그것이 어디에서 온 것인지, '나'에 속하는 것인지, 밖에서 굴러 들어온 것인지를 검문한다. '나'에 속하는 것이 마음대로 바깥으로 튀어 나가려 하는 것도 붙잡고 막아선다. 밖에 있는 것들이 멋대로 '나'의 범주 안으로 들어오려 할 때에도 막아선다. 심사원은 '나'의 정체감을 지켜 준다. 무엇이 '나'이고 '나다운 것'인지를 가려내 준다.

때로는 그 심사원마저도 감당할 수 없는 거대한 불쾌감이 '나'에게 닥쳐오기도 한다. 그런 불쾌감들은 불심검문을 하는 심사원을 때려눕히고 제멋대로 내 안을 휘젓고 다닌다. 그러면 쓰러진 심사원의 공백을 틈타 그때부터는 감정과 생각들이 자아의 경계를 제멋대로 드나들기 시작한다. 엉뚱한 곳에서 날아들어온 감정이 마치 원래 '내 것'이었던 것처럼 행세하기도 한다. 원래 '내 것'이었던 생각이나 감정이 경계를 뛰쳐나가 다른 곳에 들러붙기도 하고, 그랬다가 다시 되돌아오며 마치 원래 '나의 밖'에서 생겨난 것처럼 행세하기도 한다. 그렇게 혼란에 빠진다.

그런데 종종 그 심사원을 때려눕힐 만큼 강력한 불행이 아닌 데에도 쉽사리 자아의 국경이 혼란에 뒤덮이는 경우들이 있다. 사소한 감정과 불행도 쉽게 감당하지 못하고 혼란에 빠져 버리는 경우들이 있다. 보통은 그런 경우를 '감정조절을 잘 못한다'라고 표현하기도 하지만, 실은 감정을 잘 감당해 내지 못하고 있는 경우들인 것이다. 감정을 잘 감당해 내지 못해 쉽사리 자아의 경계가 허물어져 내리곤 하는 것이다. 쉽사리 어린아이 시절의 환상과 비현실로 되돌아가고 마는 것이다. 분명 출입국 심사원이 없거나 어린아이처럼 너무 미약해진 것은 아닌데 말이다.

그런 사람들의 이야기들 중 많은 경우, 사실 알고 보면 그 출입국 심사원이 지나치게 바쁘게 일하고 있음을 발견할 수 있다. 이미 나와 남, 안과 밖을 가려내야 할 것들이 너무 많아서 새로 들어오는 불행이나 아픔 따위에 신경을 쓸 겨를이 없다. 그런 사람들은 출입국 심사원의 업무량을 초과할 정도로 자아를 지켜 내는 일이 항상 풀가동되고 있는 것이다. 끝없이 '나'로 규정지을 만한 것들을 찾아다니고 있다. 그렇게 팽팽하고 과중한 업무가 아니고서는 자아를 유지할 수가 없기 때문이다. 한순간이라도 긴장을 늦추고 안팎을 가려내는 경계 문지기의 역할을 느슨히 했다가는, 완전히 자아가 공중 분해될 것만 같은 불안에 휩싸여 있기 때문이다. 그래서 그런 사람들은 어떻게 해서든 '나'라는 감각을 지켜 내고 '자아'를 유지하기 위해 24시간 출입국 심사원들을 풀타임 근무시키며 긴장해 있다. 그리고 역설적이지만, 그렇기 때문에 제대로 자아의 경계를 지켜 낼 여유가 없다. '나'라는 감각을 느끼기 위해 애쓰다 보니, 진짜 '나', 현실 속의 '나'를 지켜 낼 여유가 없어진다. 현실을 감당할 여유가 없다. 수시로 자아의 경계가 허물어진다.

나의 경계를 움켜쥐기

우리는 '나'라는 감각이 없이는 존재할 수 없다. '나'라는 느낌과 감각이 없어진다는 것은 곧 '자아'라는 것이 사라진다는 것과 다를 바가 없다. 우리는 그 감각, 뭐라 설명하기 어려운 그 느낌과 감각이 있어야만 존재할 수 있다. 무엇이 '나'인지를 확인하게 해주는 그 감각이 나의 존재를 유지시켜 준다.

그렇기 때문에 종종 우리는 그 감각을 놓치면 안 된다는 강박에 휩싸이기도 한다. '나'가 누구이고 어디에 있는 것인지, '나'는 존재할 만한 가치가 있는 것인지, '나'는 지금 충분한 것 인지를 확인하고 싶어 한다. 그 감각에 항상 목말라한다.

그 자기감, '나'라는 느낌, 무엇이 '나'인지를 확인하는 느낌을 받기 위해서는 우선 '나'와 '내가 아닌 것'을 가를 수 있어야 한다. '나'가 지금 있는 곳이 어디인지, 어떤 현실에 발을 붙이고 있는지를 가를 수 있어야 한다. '나의 경계'를 분명히 그을 수 있어야 한다. '나'라는 감각을 충분히 느끼고 있다는 것은 곧 나의 경계가 명확히 그어져 있음을 확인한다는 것이다.

따라서 그 감각, 자기감에 지나치게 목말라하고 있다는 이야기는, 자아의 경계를 지켜 내기 위해 지나치게 안간힘을 다하고 있다는 말일 수 있다. 매 순간 '나'를 지켜 내고 '나'를 찾아내기 위해 그렇게 지나치게 안간힘을 쓰지 않으면 내가 흩어져 버릴 것 같은 두려움에 휩싸여 있기 때문이다. 마음속 깊은 곳이 뻥 뚫린 듯 공허해서, 거기에 무언가가 있다는 느낌, 존재해도 괜찮을 만큼 가치 있는 무언가가 있다는 사실을 필사적으로 확인해야 하기 때문이다. 그렇지 않고서는 '나'가 존재할 가치가 있다는 걸 느낄 수 없기 때문이다.

그래서 끊임없이 '나'를 확인한다. '나'를 확인하기 위해 자아의 출입국 심사원을 더욱 채찍질한다. 쉴 새 없이 가혹하게 밀어붙인다. 더 가치 있는 '나', 더 짜릿하게 확인시켜 주는 '나'

를 찾기 위해 경계를 쉴 새 없이 수정한다. 더 멋지고 더 새로운 자기대상을 찾아 새로운 '나'로 집어삼키기 위해 경계를 뜯어고친다. '나'를 확인시켜 줄 이상형을 찾고, '나'를 만족시켜 줄 누군가를 찾아 '나'로 집어삼키기 위해 경계를 뜯어고친다. 그러면서 나의 경계는 쉼 없이 무너지고 고쳐지고 무너지고 고쳐진다. 결국 경계는 한없이 취약해질 수밖에 없다. 심사원은 경계를 지킬 여력 따위 없이 기진맥진해진다. '나'는 필연적인 혼란에서 좌절의 낭떠러지로 떨어진다.

우리는 이 책의 3부를 시작하면서 짚고 왔다. 관계는 우리를 분명 지치게 한다. 관계 안에서 우리는 고통받고 힘들어한다. 다른 사람들과 마음이 얽힐 때에 그 사이에서 우리는 너무나 자주 신음한다. 그것이 가족이건, 친구건, 직장 동료이건, 모르는 사람이건 간에 말이다. 원치 않는 마음의 얽힘 사이에서 혼동하고 좌절한다. 마음과 마음들이 서로 중첩될 때에 분노와 슬픔은 서로에게로 던져지고 떠안겨진다. 다른 마음에게로 내던진 나의 마음을 바라보며 분노하기도 하고, 다른 마음으로부터 떠안은 엉뚱한 마음을 바라보며 슬퍼하기도 한다. 너와 나 사이를 혼동하고, 또 현실과 비현실 사이를 혼동한다. 마음과 마음이 섞이고, 마음과 사람, 마음과 바깥의 모든 것들이 뒤섞이며 환상 속으로 우리의 자아가 둥실 떠오른다. 현실 속 관계에서의 아픔을 피하고자 환상으로 눈을 가린 채 떠오른다. 그러나 결국 매번 차가운 현실의 바닥으로 내팽개쳐진다. 그리고 그 고통에서 벗어나고자 또다시 비현실의 환상에 몸을 싣는다. 더욱 가혹하게 현실과 부딪힌다. 관계에서 소용돌이치기 시작한 혼란은 우리를 그렇게 좌절로 이끌어 간다. 마음과 마음이 뒤섞이며 우리는 절망으로 내몰린다.

그러면 애초에 왜 그렇게들 복잡하게 뒤얽히고 있었던 것일까. 애초에 왜 그렇게 쉽사리 경계가 무너지고 있었던 것일까. 왜 그렇게 사소한 관계의 어려움들마저도 감당해 내지 못하고 무너진 자아의 경계에서 혼란스러워하고 있었던 것일까. 그 탓은 결국 내 마음이 공허하기 때문이었음에 다름 아니라는 이야기이다. 공허한 내 마음을 채우기에 바빠, 이미 너무나 지쳐 있었기 때문이다.

사소한 불행에도 경계가 허물어져 '나'를 혼동하고, 관계 속 일상적인 감정의 뒤얽힘에도 혼란에 빠져 엉뚱한 분노를 쏟아 낸다. 그 혼동과 혼란 뒤에서는, 블랙홀처럼 공허한 '나'를 채우기 위해 정신없이 동분서주하는 내 마음의 불안이 있었다. 끝이 없는 공허 속에 '나'를 잃어버릴 듯한 불안에 점점 지쳐 온 내 마음이 있었던 것이다. 누군가에게 인정받고 싶고, 누군가에게 사랑받고 싶은 마음. 그 인정과 사랑을 갈구하는 몸부림. 존재하기 위한 끝없는 맹목의 질주. 하지만 닿을 듯 결코 닿지 않는 그 갈증, 마치 탄탈로스의 갈증과도 같은 그 불안에 '나'의 자아는 이미 그 경계가 한없이 흐릿해져 있던 것이다.

우리는 우리가 관계 때문에 아프고, 관계 때문에 절망한다고 여긴다. 그래서 슬퍼한다. 주변의 관계를 돌아보며 그들을 원망하고 스스로를 한탄한다. 하지만 그 관계들에서 지나치게 좌절하고 아파하고 있던 진짜 이유는 이미 나의 마음이 불안했기 때문이다. 상처 입은 들짐승처럼 대상과 대상들 사이를 헤매는 그 불안이 이미 나의 경계를 너무나도 위태롭게 붙잡고 있었기 때문이다. 존재하기 위해 절박하게 붙잡은 그 경계가 위태위태하게 팽팽해져 있었기 때문이다.

사람과 사람. 타자와 자아. 그 사이의 관계. 그곳에서 불행은 늘 예측할 수 없이 튀어나온다. 우리를 아프게 찔러 온다.

그 아픔은 우리의 마음속 깊은 곳 어린아이를 화들짝 깨운다. 우리가 다 자란 척, 이미 어른이 된 척 깊숙이 숨겨 놓고 있던 그 어린아이가 화들짝 놀라 일어난다. 그리고 겁에 질려 울기 시작한다. 그 울음소리와 함께 우리 자아의 맨 앞자리로 튀어 오른다.

하지만 어쩌면 그 아이는 울음을 터트리기 전부터, 아주 오래전부터 이미 불안해하고 있었던 것인지 모른다. 이미 겁에 질려 텅 빈 얼굴로 얼어붙어 있었던 것일지 모른다. 우리가 몸이 훌쩍 크며, 모른 체하며 맘 속 깊이 숨겨 놓았다고, 그래서 이제는 잊어버렸다고 착각하고 있었지만 말이다. 하지만 그렇게 잊어버리기엔 그 아이가 품어 온 공포는 너무나 무거웠다. 너무 깊숙했다. 존재론적이었다. 우리는 '내가 과연 존재할 만한 가치가 있을까' 하는 너무나 불편하고 무거운 질문을 나의 깊은 무의식 속에 돌덩이처럼 눌러 놓고 있었던 셈이다. 그 아이의 그 텅 빈 공허와 공포. 그것이 우리를 이토록 불안하게 하고 있었던 것이다. 우리는 거기에서 빨아들이기 시작한 거대한 블랙홀을 채우려 헛된 발버둥에 지쳐 가고 있었다.

우리가 관계 속에서 힘들어하는 것은 사소한 일상의 것들이다. 우리가 고민하는 것들은 '자기감', '자아 정체감', '존재' 같은 거창하고 의미심장한 것들이 아니다. 그러나 결국은 우리 모두 조금씩 공허하다. 모두가 조금씩 공허하기 때문에 각자 사소한 일상에서 무너지고 있었다. 그 무너짐의 공포에서 벗어나고자 무진 애를 쓰고 발버둥을 친다. 그러나 그 허우적거림은 대상과 표면, 껍데기와 비현실의 환상 속에서 덧없이 사라질 뿐이다. 덧없이 사라지거나 더 큰 절망으로 되돌아오기만 할 따름이다.

결국 자기대상에 휩싸여 무너져 가던 아이언맨과 우리 모두 얼마간씩은 비슷한 처지였던 것이다. 마찬가지로, 우리에게 가장 근본적으로 필요한 것은 2부에서 이야기하였듯, 그 블랙홀을 감싸 안아줄 수 있는 누군가일 수밖에 없다. 인정받고 싶고 사랑받고 싶어 불안해하는 우리의 헛된 노력들, 그 자기대상들이 아닌 우리 마음속의 진짜 '나', 겁에 질린 그 어린아이와 조우할 수 있는 누군가와의 만남일 수밖에 없다. 그래서 '너'와 진정으로 맞닿고 '나'를 채울 수 있도록 말이다.

"가, 가란 말이야! 널 만나고부터 제대로 되는 일이 하나도 없어!"

우리는 어느 음료 CF 속에서 정우성이 낙엽을 집어 던지며 외치는 그 대사에 공감한다. 이 모든 불행을 나에게 떠안겨 준 '너'를 원망한다. 혹은, 그런 '너'와 만난 '나'를 원망한다. 원망하며 분노하고 슬퍼하고 좌절한다. 이 모든 것이 '너' 때문, 너와 나의 관계 때문이라는 것이다.

하지만 그 옛날의 그 CF가 좀 더 정확히 기억난다면, 그런 정우성의 울분 어린 고함에 대답하는 장쯔이의 처연하고 애절한 눈빛을 떠올릴 수 있을 것이다. 낙엽을 집어 던지며 소리 지르는 정우성의 맞은편에서 장쯔이는 그렁그렁한 눈을 떨며 이야기한다.

"날… 채워 줘"

우리에게 정녕 필요한 것은 우리의 텅 빈 마음속을 채워 줄 누군가이다. 그러나 그 텅 빈 마음은 블랙홀과 같다. 아무리 채워 넣어도 차오르지 않는 무저갱無底坑과 같다. 그 텅 빈 구덩이에 떨어지는 모든 것들은 자기대상으로 변해 버리기 때문이다. 결국 그 텅 빈 공허에서 우리들의 마음은 '나'를 잃어버린다. 흐트러진 경계에서 '나'를 잃고 '너'와 '나'를 혼동하며 엉뚱하게 분노하고 엉뚱하게 슬퍼한다. 엉뚱한 분노는 결국 우리를 에릭슨이 이야기한 절망Despair으로 이끌어 간다.

우리는 그 무너진 경계에서 혼돈이 아닌 '나'를 향해 바라볼 수 있어야 한다. 지금, 여기Here and Now를 붙잡고 일어서야 한다. 지금 여기를 붙잡고 내가 서 있는 곳으로 돌아와야 한다. 그럴 수 있다면, 우리는 언젠가 그 심연의 공허, 대상과 환상의 껍데기들로 뒤덮인 블랙홀을 지나 우리의 진정한 '자아'를 찾게 해줄 오아시스를 만나게 될 수 있을 것이다. 진정한 '너'를 통해 진정한 '나'를 다시 만나게 될 수 있을 것이다.

나도 내가 왜 이러는지 모르겠어

휘둘리고 요동치는 마음에게 '나'라는 경계를 짓다

글 김총기
발행일 2019년 1월 29일 초판 1쇄

발행처 다반
발행인 노승현
출판등록 제2011-08호(2011년 1월 20일)
주소 서울특별시 금천구 가산디지털1로 24 503호
(가산동, 대륭테크노타운13차)
전화 02) 868-4979 **팩스** 02) 868-4978

이메일 davanbook@naver.com
홈페이지 davanbook.modoo.at
블로그 blog.naver.com/davanbook
페이스북 www.facebook.com/davanbook
인스타그램 www.imstagram.com/davanbook

ISBN 979-11-85264-31-8 03810

다반-일상의 책